华严经

中国佛学经典宝藏

58

高振农 释译

星云大师总监修

人民东方出版传媒
东方出版社

总序

星云

自读首楞严，从此不尝人间糟糠味；

认识华严经，方知己是佛法富贵人。

诚然，佛教三藏十二部经有如暗夜之灯炬、苦海之宝筏，为人生带来光明与幸福，古德这首诗偈可说一语道尽行者阅藏慕道、顶戴感恩的心情！可惜佛教经典因为卷帙浩瀚、古文艰涩，常使忙碌的现代人有义理远隔、望而生畏之憾，因此多少年来，我一直想编纂一套白话佛典，以使法雨均沾，普利十方。

一九九一年，这个心愿总算有了眉目。是年，佛光山在中国大陆广州市召开"白话佛经编纂会议"，将该套丛书定名为《中国佛教经典宝藏》①。后来几经集思广

---

① 编者注：《中国佛教经典宝藏》丛书，大陆出版时改为《中国佛学经典宝藏》丛书。

益，大家决定其所呈现的风格应该具备下列四项要点：

一、启发思想：全套《中国佛教经典宝藏》共计百余册，依大乘、小乘、禅、净、密等性质编号排序，所选经典均具三点特色：

1. 历史意义的深远性

2. 中国文化的影响性

3. 人间佛教的理念性

二、通顺易懂：每册书均设有原典、注释、译文等单元，其中文句铺排力求流畅通顺，遣词用字力求深入浅出，期使读者能一目了然，契入妙谛。

三、文简意赅：以专章解析每部经的全貌，并且搜罗重要的章句，介绍该经的精神所在，俾使读者对每部经义都能透彻了解，并且免于以偏概全之谬误。

四、雅俗共赏：《中国佛教经典宝藏》虽是白话佛典，但亦兼具通俗文艺与学术价值，以达到雅俗共赏、三根普被的效果，所以每册书均以题解、源流、解说等章节，阐述经文的时代背景、影响价值及在佛教历史和思想演变上的地位角色。

兹值佛光山开山三十周年，诸方贤圣齐来庆祝，历经五载、集二百余人心血结晶的百余册《中国佛教经典宝藏》也于此时隆重推出，可谓意义非凡，论其成就，则有四点可与大家共同分享：

一、**佛教史上的开创之举**：民国以来的白话佛经翻译虽然很多，但都是法师或居士个人的开示讲稿或零星的研究心得，由于缺乏整体性的计划，读者也不易窥探佛法之堂奥。有鉴于此，《中国佛教经典宝藏》丛书突破窠臼，将古来经律论中之重要著作，做有系统的整理，为佛典翻译史写下新页！

二、**杰出学者的集体创作**：《中国佛教经典宝藏》丛书结合中国大陆北京、南京各地名校的百位教授、学者通力撰稿，其中博士学位者占百分之八十，其他均拥有硕士学位，在当今出版界各种读物中难得一见。

三、**两岸佛学的交流互动**：《中国佛教经典宝藏》撰述大部分由大陆饱学能文之教授负责，并搜录台湾教界大德和居士们的论著，借此衔接两岸佛学，使有互动的因缘。编审部分则由台湾和大陆学有专精之学者从事，不仅对中国大陆研究佛学风气具有带动启发之作用，对于台海两岸佛学交流更是帮助良多。

四、**白话佛典的精华集萃**：《中国佛教经典宝藏》将佛典里具有思想性、启发性、教育性、人间性的章节做重点式的集萃整理，有别于坊间一般"照本翻译"的白话佛典，使读者能充分享受"深入经藏，智慧如海"的法喜。

今《中国佛教经典宝藏》付梓在即，吾欣然为之作序，并借此感谢慈惠、依空等人百忙之中，指导编修；吉广舆等人奔走两岸，穿针引线；以及王志远、赖永海等大陆教授的辛勤撰述；刘国香、陈慧剑等台湾学者的周详审核；满济、永应等"宝藏小组"人员的汇编印行。他们的同心协力，使得这项伟大的事业得以不负众望，功竟圆成！

《中国佛教经典宝藏》虽说是大家精心擘划、全力以赴的巨作，但经义深邃，实难尽备；法海浩瀚，亦恐有遗珠之憾；加以时代之动乱，文化之激荡，学者教授于契合佛心，或有差距之处。凡此失漏必然甚多，星云谨以愚诚，祈求诸方大德不吝指正，是所至祷。

一九九六年五月十六日于佛光山

原版序
敲门处处有人应

星云

《中国佛教经典宝藏》是佛光山继《佛光大藏经》之后，推展人间佛教的百册丛书，以将传统《大藏经》精华化、白话化、现代化为宗旨，力求佛经宝藏再现今世，以通俗亲切的面貌，温渥现代人的心灵。

佛光山开山三十年以来，家师星云上人致力推展人间佛教，不遗余力，各种文化、教育事业蓬勃创办，全世界弘法度化之道场应机兴建，蔚为中国现代佛教之新气象。这一套白话精华大藏经，亦是大师弘教传法的深心悲愿之一。从开始构想、擘划到广州会议落实，无不出自大师高瞻远瞩之眼光，从逐年组稿到编辑出版，幸赖大师无限关注支持，乃有这一套现代白话之大藏经问世。

这是一套多层次、多角度、全方位反映传统佛教文化的丛书，取其精华，舍其艰涩，希望既能将《大藏经》

深睿的奥义妙法再现今世，也能为现代人提供学佛求法的方便舟筏。我们祈望《中国佛教经典宝藏》具有四种功用：

一、是传统佛典的精华书

中国佛教典籍汗牛充栋，一套《大藏经》就有九千余卷，穷年皓首都研读不完，无从赈济现代人的枯槁心灵。《宝藏》希望是一滴浓缩的法水，既不失《大藏经》的法味，又能有稍浸即润的方便，所以选择了取精用弘的摘引方式，以舍弃庞杂的枝节。由于执笔学者各有不同的取舍角度，其间难免有所缺失，谨请十方仁者鉴谅。

二、是深入浅出的工具书

现代人离古愈远，愈缺乏解读古籍的能力，往往视《大藏经》为艰涩难懂之天书，明知其中有汪洋浩瀚之生命智慧，亦只能望洋兴叹，欲渡无舟。《宝藏》希望是一艘现代化的舟筏，以通俗浅显的白话文字，提供读者遨游佛法义海的工具。应邀执笔的学者虽然多具佛学素养，但大陆对白话写作之领会角度不同，表达方式与台湾有相当差距，造成编写过程中对深厚佛学素养与流畅白话语言不易兼顾的困扰，两全为难。

三、是学佛入门的指引书

佛教经典有八万四千法门，门门可以深入，门门是无限宽广的证悟途径，可惜缺乏大众化的入门导览，不易寻觅捷径。《宝藏》希望是一支指引方向的路标，协助十方大众深入经藏，从先贤的智慧中汲取养分，成就无上的人生福泽。

四、是解深入密的参考书

佛陀遗教不仅是亚洲人民的精神归依，也是世界众生的心灵宝藏。可惜经文古奥，缺乏现代化传播，一旦庞大经藏沦为学术研究之训诂工具，佛教如何能扎根于民间？如何普济僧俗两众？我们希望《宝藏》是百粒芥子，稍稍显现一些须弥山的法相，使读者由浅入深，略窥三昧法要。各书对经藏之解读诠释角度或有不足，我们开拓白话经藏的心意却是虔诚的，若能引领读者进一步深研三藏教理，则是我们的衷心微愿。

大陆版序一

　　《中国佛教经典宝藏》是一套对主要佛教经典进行精选、注译、经义阐释、源流梳理、学术价值分析，并把它们翻译成现代白话文的大型佛学丛书，成书于二十世纪九十年代，由台湾佛光文化事业有限公司出版，星云大师担任总监修，由大陆的杜继文、方立天以及台湾的星云大师、圣严法师等两岸百余位知名学者、法师共同编撰完成。十几年来，这套丛书在两岸的学术界和佛教界产生了巨大的影响，对研究、弘扬作为中国传统文化重要组成部分的佛教文化，推动两岸的文化学术交流发挥了十分重要的作用。

　　《中国佛学经典宝藏》则是《中国佛教经典宝藏》的简体字修订版。之所以要出版这套丛书，主要基于以下的考虑：

　　　　首先，佛教有三藏十二部经、八万四千法门，典籍浩瀚，博大精深，即便是专业研究者，穷其一生之精力，恐也难阅尽所有经典，因此之故，有"精选"之举。

其次，佛教源于印度，汉传佛教的经论多译自梵语；加之，代有译人，版本众多，或随音，或意译，同一经文，往往表述各异。究竟哪一种版本更契合读者根机？哪一个注疏对读者理解经论大意更有助益？编撰者除了标明所依据版本外，对各部经论之版本和注疏源流也进行了系统的梳理。

再次，佛典名相繁复，义理艰深，即便识得其文其字，文字背后的义理，诚非一望便知。为此，注译者特地对诸多冷僻文字和艰涩名相，进行了力所能及的注解和阐析，并把所选经文全部翻译成现代汉语。希望这些注译，能成为修习者得月之手指、渡河之舟楫。

最后，研习经论，旨在借教悟宗、识义得意。为了将其思想义理和现当代价值揭示出来，编撰者对各部经论的篇章品目、思想脉络、义理蕴涵、学术价值等所做的发掘和剖析，真可谓殚精竭虑、苦心孤诣！当然，佛理幽深，欲入其堂奥、得其真义，诚非易事！我们不敢奢求对于各部经论的解读都能鞭辟入里，字字珠玑，但希望能对读者的理解经义有所启迪！

习近平主席最近指出："佛教产生于古代印度，但传入中国后，经过长期演化，佛教同中国儒家文化和道家文化融合发展，最终形成了具有中国特色的佛教文化，给中国人的宗教信仰、哲学观念、文学艺术、礼仪习俗等留下了深刻影响。"如何去研究、传承和弘扬优秀佛教文化，是摆在我们面前的一个重要课题，人民东方出版传媒有限公司拟对繁体字版的《中国佛教经典宝藏》进行修订，并出版简体字版的《中国佛学经典宝藏》，随喜赞叹，寥寄数语，以叙因缘，是为序。

二〇一六年春于南京大学

大陆版序二

依空

身材高大、肤色白皙、擅长军事的亚利安人，在公元前四千五百多年从中亚攻入西北印度，把当地土著征服之后，为了彻底统治这里的人民，建立了牢不可破的种姓制度，创造了无数的神祇，主要有创造神梵天、破坏神湿婆、保护神毗婆奴。人们的祸福由梵天决定，为了取悦梵天大神，需要透过婆罗门来沟通，因为他们是从梵天的口舌之中生出，懂得梵天的语言——繁复深奥的梵文，婆罗门阶级是宗教祭祀师，负责教育，更掌控了神与人之间往来的话语权。四种姓中最重要的是刹帝利，举凡国家的政治、经济、军事、文化等等都由他们实际操作，属贵族阶级，由梵天的胸部生出。吠舍则是士农工商的平民百姓，由梵天的膝盖以上生出。首陀罗则是被踩在梵天脚下的土著。前三者可以轮回，纵然几世轮转都无法脱离原来种姓，称为再生族；首陀罗则连轮回的因缘都没有，为不生族，生生世世为首陀罗，子孙也倒霉跟着宿命，无法改变身份。相对于此，贱民比首陀罗更为卑微、低贱，连四种姓都无法跻身其中，只能从事挑粪、焚化尸体等最卑贱、龌龊的工作。

出身于高贵种姓释迦族的悉达多太子，为了打破种姓制度的桎梏，舍弃既有的优越族姓，主张一切众生皆平等，成正等觉，创立了佛教僧团。为了贯彻佛教的平等思想，佛陀不仅先度首陀罗身份的优婆离出家，后度释迦族的七王子，先入山门为师兄，树立僧团伦理制度。佛陀更严禁弟子们用贵族的语言——梵文宣讲佛法，而以人民容易理解的地方口语来演说法义，这就是巴利文经典的滥觞。佛陀认为真理不应该是属于少数贵族、知识分子的专利或装饰，而应该更贴近普罗大众，属于平民百姓共有共知。原来佛陀早就在推动佛法的普遍化、大众化、白话化的伟大工作。

佛教从西汉哀帝末年传入中国，历经东汉、魏晋南北朝、隋唐的漫长艰巨的译经过程，加上历代各宗派祖师的著作，积累了庞博浩瀚的汉传佛教典籍。这些经论义理深奥隐晦，加以书写的语言文字为千年以前的古汉文，增加现代人阅读的困难，只能望着汗牛充栋的三藏十二部扼腕慨叹，裹足不前。

如何让大众轻松深入佛法大海，直探佛陀本怀？佛光山开山宗长星云大师乃发起编纂《中国佛教经典宝藏》。一九九一年，先在大陆广州召开"白话佛经编纂会议"，订定一百本的经论种类、编写体例、字数等事项，礼聘中国社科院的王志远教授、南京大学的赖永海教授分别为中国大陆北方与南方的总联络人，邀请大陆各大学的佛教学者撰文，后来增加台湾部分的三十二本，是为一百三十二册的《中国佛教经典宝藏精选白话版》，于一九九七年，作为佛光山开山三十周年的献礼，隆重出版。

六七年间我个人参与最初的筹划，多次奔波往来于大陆与台湾，小心谨慎带回作者原稿，印刷出版、营销推广。看到它成为佛教徒家中的传家宝藏，有心了解佛学的莘莘学子的入门指南书，为星云大师监修此部宝藏的愿心深感赞叹，既上契佛陀"佛法不舍一众"的慈悲本怀，更下启人间佛教"普世益人"的平等精神。尤其可喜者，欣闻现大陆出版方东方出版社潘少平总裁、彭明哲副总编亲自担纲筹划，组织资深编辑精校精勘；更有旅美企业家鲁彼德先生事业有成之际，秉"十方来，十方去，共成十方事"之襟怀，促成简体字版《中国佛学经典宝藏》的刊行。今付梓在即，是为序，以表随喜祝贺之忱！

二〇一六年元月

目　录

题解

经题简释

《大方广佛华严经》，简称《华严经》，亦称《杂华经》，为大乘佛教重要经典之一。《大方广佛华严经》经题的含义，简单地说，"大"就是"周遍""包含"的意思。所谓"周遍"，是说佛法周遍一切时、处，不论是什么时间，包括过去、现在和未来；不论是什么地方，包括十方世界，都是佛光明所照之处。所谓"包含"，是指佛法总摄一切法。即任何事物，都在佛心中显现，没有一事一物出于佛心之外。"方"，是"方正"的意思。就是说，这部经中所讲的道理，真正不偏，这就叫"方"。或者说，佛法真正不偏，不同外道伪而不真，也不同二乘偏而不正，这就叫"方"。"广"，即广博的意思。就是说，这部经中义理丰富，内容广博，这就叫"广"。或者说，佛法广博无量，不是浅智劣慧者所能知，这就叫"广"。

"方广"二字，如果连在一起来解释，为"十二分教"（佛教把一切经分为十二类，即契经、应颂、讽颂、因缘、本事、本生、未曾有、譬喻、论议、自说、方广、授记）中之"方广分"。这里的"方广"，是"大乘"的代名词，同"方等"的含义相同。"大"和"方广"，含义也相同。此经在"方广"之上又加一"大"字，表示此经亦"大"亦"方广"，故称"大方广"。也就是说，此经总说一心法界之体用，广大而无边，故称"大方广"。

"佛"，为"佛陀"的简称。意思是"觉者""智者"。即依照佛教教义修持，既求自己觉悟，又能使他人觉悟，最后达到究竟圆满的觉悟境界，就成为"佛"。

"华严"的"华"字，和"花"字相同。用"花"作"庄严"，就称"华严"。又"华严"是"因"，"佛"是"果"。菩萨等修四摄、六度等功德为"因"，最后成佛为"果"。

"经"，梵语音译为"修多罗"，亦称"素怛缆"，意译为"契经"。凡是佛说而为其弟子于后世所结集之经典，皆名之为"经"。它是三藏中"经藏"所摄诸部之通名，如大乘经、小乘经等。此经属于大乘经，故名"方广经"。因此经是诠圆音所显即大、即方广之圆果法，故又名"大方广经"。又此经是专诠佛果、华因互成妙严之法，故特称之为"华严经"。合起来就称之为"大方广佛华严经"。

本经是佛成道后在菩提道场等处，借文殊、普贤诸大菩萨显示佛陀的因行果德如杂华庄严，广大圆满、重重无尽、事事无碍妙旨的要典。

华严经的梵本和译本

本经的梵本，历来有种种异说。据法藏的《华严经传记》卷一载，龙树菩萨于龙宫中见本经有上、中、下三本。其中上本与中本，颂数、品数都非常浩大，非凡夫之力所能受持，故隐而不传。所传下来之下本，也有十万颂、四十八品（或作三十八品），即今之《华严经》。

本经之汉译本有三种：

（1）最早是佛驮跋陀罗（公元三五九——四二九年）翻译的六十卷《华严经》，因为是在东晋年间译出，故称为"晋经"。因它最早译出，为区别于后来的唐译本，故又称"旧经"。佛驮跋陀罗意译觉贤。他从印度到中国是乘船来的，历经千辛万苦，到达山东半岛的青州，后又沿黄河而上，抵达古都长安。因与鸠摩罗什教团不和，故与弟子慧观等四十余人离开长安，赴庐山慧远处，在庐山译出许多经典。后又至荆州，最后到东晋都城建康（今江苏南京），在建康逝世。

（2）其次是实叉难陀（公元六五二——七一〇年）所译的八十卷《华严经》。因为是在唐代武则天时期译出的，故称为"唐经"。为区别于佛驮跋陀罗所译之"旧经"，故又称"新经"。实叉难陀又译为施乞叉难陀，意译学喜。于阗（今新疆和田）人。时武则天以旧译《华严经》未为详备，乃遣使至于阗更求善本，并聘译人。实叉难陀应聘携广本《华严经》来洛阳，于证圣元年（公元六九五年）在大遍空寺同菩提流志、义净、复礼、法藏等人重新翻译，直至圣历二年（公元六九九年）方在佛授记寺译毕。其后又在颍川（今河南许昌）三阳宫译出《大乘入楞伽经》，在长安清禅寺和洛阳佛授记寺译出《文殊师利授记经》等。长安四年（公元七〇四年）以母老求归，御史霍嗣光曾护送他回到于阗。景龙二年（公元七〇八年）再度应邀来到长安，住于大荐福寺。本想继续翻译佛经，尚未开始即患病，两年后（景云元年），卒于长安。他一生共译经十九部、一百零七卷。其中对后世影响最大的就是八十卷《华严经》，武则天曾为之撰写序文。

（3）最后是般若（公元七三四——?）所译的四十

卷《华严经》。全称《大方广佛华严经入不思议解脱境界普贤行愿品》，略称《普贤行愿品》。因此经是在唐贞元中译出，故又称为《贞元经》。此经为新旧两译《华严经》中《入法界品》的别译，故只能说是部分译本。但在文字上却大为增广，尤其是第四十卷有普贤十大行愿和新添的普贤广大愿王清净偈，为六十《华严经》和八十《华严经》都没有的。般若又称般剌若，意译智慧。北印度迦毕试国（罽宾）人，姓乔答摩。曾在中印度那烂陀寺，依智护、进友、智友等三大论师研习唯识、五明等。唐德宗建中二年（公元七八一年）来到广州，旋进入长安。曾译出《大乘理趣六波罗蜜多经》及其中之真言、印契、法门等。贞元六年（公元七九〇年）奉敕出使迦湿弥罗国。不久，受赐"般若三藏"名号及紫衣。贞元十一年（公元七九五年）十一月，有南天竺乌荼国师子王派使者进贡其所亲写的《华严经》梵本。翌年六月，唐德宗命般若三藏翻译，圆照、澄观等诸师详定，至贞元十四年二月译毕。此即四十卷《华严经》。后示寂于洛阳。

华严经的单本别译

以上是汉译《华严经》的三大译本。此外，对此经的某一品或某一部分进行翻译的，据法藏《华严经传记》

卷一中列举有三十七种。其中属于八十《华严》中某一品或某一部分别译的有：

后汉支娄迦谶译《佛说兜沙经》一卷，相当于《如来名号品》《光明觉品》。

吴支谦译《佛说菩萨本业经》一卷，相当于《净行品》。

西晋聂道真译《诸菩萨求佛本业经》一卷，相当于《净行品》。

西晋聂道真译《菩萨本愿行品经》一卷，相当于《净行品》。

以上四种译本属于八十《华严》中第二会的组成部分。

东晋祇多蜜译《佛说菩萨十住经》一卷，相当于《十住品》。

西晋竺法护译《菩萨十住行道品》一卷，相当于《十住品》。

西晋聂道真译《菩萨十道地经》一卷，相当于《十住品》。

后秦竺佛念译《十住断结经》十卷，疑即《十住品》。

以上四种译本属于八十《华严》中第三会的《十住品》。

后秦竺佛念译《十地断经》十卷相当于《十地品》。

西晋聂道真译《十住经》十二卷，相当于《十地品》。

西晋竺法护译《菩萨十地经》一卷，疑即《十地品》。

西域沙门吉迦夜译《大方广十地经》一卷，疑即《十地品》。

东晋诃支译《十地经》一卷，疑是《十地品》。

后秦鸠摩罗什译《十住经》四卷，相当于《十地品》。

西晋竺法护译《渐备一切智德经》五卷，相当于《十地品》。

西晋聂道真译《菩萨初地经》一卷，相当于《十地品》。

以上八种译本属于八十《华严》中第六会《十地品》。

西晋竺法护译《等目菩萨所问三昧经》三卷，相当于《十定品》。

唐玄奘译《显无边佛土功德经》一卷，相当于《如来寿量品》（一说：《寿量品》）。

宋法贤译《佛说较量一切佛刹功德经》一卷，相当于《如来寿量品》。

西晋竺法护译《佛说如来兴显经》四卷，相当于《如来出现品》。

西晋白法祖译《如来兴现经》一卷，相当于《如来出现品》。

西晋译本《大方广如来性起经》二卷，相当于《如来出现品》。

西晋译本《大方广如来性起微密藏经》二卷，相当于《如来出现品》。

以上七种译本属于八十《华严》中第七会的组成部分。

西晋竺法护译《度世品经》六卷。

三国吴时译本《普贤菩萨答难二千经》。

以上两种译本属于八十《华严》中第八会《离世间品》。

西秦圣坚译《佛说罗摩伽经》三卷。

魏安法贤译《罗摩伽经》三卷。

北凉昙无谶译《罗摩伽经》一卷。

以上三种译本属于八十《华严》中第九会《入法界品》。

隋阇那崛多译《佛华严入如来智德不思议境界经》二卷。

梁僧伽婆罗译《度诸佛境界智严经》一卷。

3	4	5	111	18	28	53	32	54	63	55	56	44	65
增一阿含经	杂阿含经	金	佛教新出土经集	六祖坛经	碧岩录	天台四教仪	禅门师资承袭图	金刚錍	华严学	教观纲宗	摩诃止观	万善同归集	解深密经

《中国佛学经典宝藏》

华人佛学界顶级专家团队编撰。大陆首次引进简体中文版。

读得懂，买得起，藏得下的"白话精华大藏经"。

《中国佛学经典宝藏》白话版系列丛书，共计132册，由星云大师总监修，大陆、台湾百余专家学者通力编撰而成。

丛书依大乘、小乘、禅、净、密等性质编号排序，将古来经律论之经典著作，依据思想性、启发性、教育性、人间性的原则，做了取其精华、舍其艰涩的系统整理。每种经典都按原文、注释、译文等体例编排，语言力求通俗易懂、言简意赅，让佛学名著真正做到雅俗共赏；还以题解、源流、解说等章节，阐述经文的时代背景、影响价值及在佛教历史和思想演变上的地位角色。丛书还开创性地收录了一些有代表性的现代读本。

星云大师 总监修
"人间佛教"的践行本

专家推荐

星云大师常常说，佛学不是少数人的专利，它应该是每一个人都能够接触的。这套书推动了白话佛学经典的完成。

——依空法师

佛光山长老，文学博士，印度哲学博士

星云大师对编修《中国佛学经典宝藏》非常重视，对经典进行注、译，包括版本源流梳理，这对一般人去看经典、理解经典的思想，是有帮助的。

——赖永海

南京大学教授，旭日佛学研究中心主任

《中国佛学经典宝藏》精选了很多篇目，是能够把佛法的精要，比较全面地给予介绍。

——王志远

中国社会科学院研究生院导师，中国宗教协会副会长

传统大藏经 VS 中国佛学经典宝藏

第一回合	卷帙浩繁	VS	精华集萃
	普通人阅读没头绪、没精力、看不懂。		星云大师亲选132种书目，提纲挈领，方便读经。
第二回合	古文艰涩 繁体竖排	VS	白话精译 简体横排
	佛经文辞晦涩，多用繁体竖排版：读经门槛高。		经典原文搭配白话精译，既可直通经文，又可研习原典。
第三回合	经义玄奥 难尝法味	VS	专家注解 普利十方
	微言大义，法义幽微，没有明师指引难理解。		华人佛学界顶级专家精注精解，一通百通。

《中国佛学经典宝藏》目录

深入经藏，智慧如海。

本套佛学经典适合系统的修习、诵读和佛堂珍藏。

失译本《度诸佛境界智光严经》一卷。

唐实叉难陀译《大方广入如来智德不思议经》二卷。

以上四种译本属于八十《华严》中普光法堂会所说，但已不详其属于何品。

唐提云般若译《大方广佛华严经不思议佛境界分》一卷。

唐实叉难陀译《大方广如来不思议境界经》一卷。

以上两种译本属于八十《华严》中菩提场会所说，但也不详其属于何品。

唐实叉难陀译《大方广普贤所说经》一卷。

唐提云般若译《大方广佛华严经修慈分》一卷。

以上两种译本，现存六十《华严》和八十《华严》中都没有相当于此品的，但梵本中却有，故也录之存查。

华严经在佛学上的学术地位

《华严经》是大乘佛教中一部具有代表性的重要经典，它对后来大乘佛教思想的发展起了很大的作用。首先，它对大乘佛学的主要贡献是扩大了成佛的范围，把成佛的修行方法推广到一切有情。本来部派佛学只承认现在世界有一个释迦牟尼佛，过去曾有六佛，将来有弥勒佛，但一个世界不能同时有两个佛。这样，对人们的成佛就有了极大的限制，从而影响到人们为达到成佛目的而从事修行的积极性。《华严经》打破了这一限制，认为在空间上同时有无量无边的佛国土分布于十方，因而可以同时有无量无边的佛，即使大家一时成佛，也可以兼容得下。这种十方成佛的思想，大大地超过了部派佛学的思想，从而提高了人们修行成佛的积极性。

同时，它在佛学理论上，对于宇宙观和人生观也提出看法。本来关于宇宙本质的问题，原始佛学是避而不谈的。后来的部派佛学和早期流行的大乘般若学对此的解答也不很明确。在《华严经》里，则对宇宙人生明确地提出了两种基本观点，就是"三界唯心""依于一心"。认为"心"可以转变成各种相，从而对三界进行区别，既能区别，就有三界的示现，但其本质则不过是心而已。这就是"三界所有，唯是一心"。关于人生，经中讲到十二因缘，依于一心。十二因缘包括了人生的一切现象，但从无明到老死，无非都是心，因为它都依于心而存在。而人生不过是十二因缘的继续，因此提出了"十二有支，皆依一心"。所有这些观点，对后来大乘佛教的发展影响十分巨大。

《华严经》在印度，佛灭以后曾隐而不传，直到后来龙树弘扬大乘，才将它流传于世。龙树曾造《大不思议论》十万偈以解释此经，现行汉译《十住毗婆沙论》，便是该论的一部分。其后又有世亲依此经《十地品》造

《十地经论》，发挥了《华严经》的要义。而金刚军、坚慧、日成、释慧等诸论师又各造出对《十地经论》的解释。

《华严经》早在后汉以来就有别行本陆续译出，但弘传不广。在东晋佛驮跋陀罗的六十《华严》译出后，逐渐受到人们的重视，纷纷加以传诵、讲习，并有人对之进行注释。到了隋唐时代，传习更广，注疏更多。武周时实叉难陀译出了八十《华严》，出现了一大批专弘此经的华严学者，从而逐渐蔚成华严一宗。其中法顺、智俨、法藏、澄观、宗密五师，被后世称为"华严五祖"。

以此经的观行讲习为目标的华严宗风，从唐代以来即远播海外。特别是朝鲜和日本，都弘扬此经而形成本国的华严宗。

华严经的概况及节选标准

《华严经》的三种汉译本中，以唐译八十《华严》的文义最为畅达，品目也比较完备，在我国汉地流传也最盛。因此，本书选用八十《华严》，以扬州宛虹桥众香庵法雨经房版唐实叉难陀译本为底本，勘以《日本大正藏》本和《频伽藏》本。底本间或有不够确切的地方，酌予指出和改正。

八十《华严》由九会三十九品组成。其中：

第一会为"菩提场会",有世主妙严品、如来现相品、普贤三昧品、世界成就品、华藏世界品、毗卢遮那品六品。

第二会为"普光法堂会",有如来名号品、四圣谛品、光明觉品、菩萨问明品、净行品、贤首品六品。

第三会为"忉利天宫会",有升须弥山顶品、须弥顶上偈赞品、十住品、梵行品、初发心功德品、明法品六品。

第四会为"夜摩天宫会",有升夜摩天宫品、夜摩宫中偈赞品、十行品、十无尽藏品四品。

第五会为"兜率天宫会",有升兜率天宫品、兜率宫中偈赞品、十回向品三品。

第六会为"他化自在天宫会",有十地品一品。

第七会为"重会普光法堂会",有十定品、十通品、十忍品、阿僧祇品、如来寿量品、诸菩萨住处品、佛不思议法品、如来十身相海品、如来随好光明功德品、普贤行品、如来出现品十一品。

第八会为"三会普光法堂会",有离世间品一品。

第九会为"逝多园林会",有入法界品一品。

以上九会三十九品,无法一一注释,故只能加以节选。本书节选了八十《华严》中《十地品》《如来出现品》和《入法界品》的部分段落。所以要选这三品,是因为这些品的内容，是《华严经》经义的核心部分，因而在流行过程中特别受到人们的重视。其中《十地品》和《入法界品》，早在龙树以前就作为单行本于印度流行过。龙树、世亲还专门为《十地品》造论弘扬。在汉译中，这三品也均曾作为单独的经译出，流行一时。其中如《十地品》有八种单译本，《如来出现品》有四种单译本。《入法界品》除有三种单译本外，更有般若三藏将其扩大内容，增广文字，添加了普贤十大行愿和普贤广大愿王清净偈，成为汉译《华严经》三大译本之一——四十《华严》。

《十地品》是描写大乘菩萨修行十地的修业。大乘菩萨为了达到最终彻悟成佛，将修道的过程分成十个阶次，即十地：欢喜地、离垢地、发光地、焰慧地、难胜地、现前地、远行地、不动地、善慧地、法云地。这一品，就是通过金刚藏菩萨之口，向与会大众演说微妙甚深的十地法门行相。

《如来出现品》，在六十《华严》中称为《性起品》。它主要是论述佛性的问题。佛性，指的是人们成佛的可能性。此品认为人人都有成佛的可能性，人们只要通过修习，就可以显现出佛性来。不仅如此，它还认为任何事物，包括山川草木，都是佛性的体现，一切都被佛的光明所包容。这一品通过普贤菩萨广说佛以无量法出现，以十无量百千阿僧祇事得到成就，最后受到诸佛称赞，并为会众授记。

《入法界品》是整个《华严经》的精华部分，也是全经的纲要和缩影。它主要也是讲菩萨十地等的修行过程。此品通过文殊师利菩萨指示善财童子去参访善知识，善财童子辗转南行，参访了德云比丘乃至弥勒菩萨等五十三位善知识，经历了十信、十住、十行、十回向、十地等修学过程，最终证入法界，得悟成佛。

经典

1　十地品第二十六之六

原典

十地品^①**第二十六之六**

净居天^②众那由他^③，闻此地中诸胜行；

空中踊跃心欢喜，悉共虔诚供养佛。

不可思议菩萨^④众，亦在空中大欢喜；

俱然最上悦意香^⑤，普熏众会令清净。

自在天王^⑥与天众，无量亿众在虚空^⑦；

普散天衣^⑧供养佛，百千万种缤纷下。

天诸采女无有量，靡不欢欣供养佛；

各奏种种妙乐音，悉以此言而赞叹。

佛身安坐一国土，一切世界悉现身；

身相端严无量亿，法界^⑨广大悉充满。

于一毛孔⑩放光明，普灭世间烦恼暗；
国土微尘⑪可知数，此光明数不可测。
或见如来⑫具众相，转于无上正法轮⑬；
或见游行诸佛刹⑭，或见寂然安不动。
或现住于兜率宫⑮，或现下生入母胎⑯；
或示住胎⑰或出胎⑱，悉令无量国中见。
或现出家⑲修世道，或现道场⑳成正觉㉑
或现说法或涅槃㉒，普使十方㉓无不睹。
譬如幻师㉔知幻术，在于大众多所作；
如来智慧㉕亦复然，于世间中普现身。
佛住甚深真法性㉖，寂灭无相㉗同虚空；
而于第一实义㉘中，示现种种所行事。
所作利益众生事，皆依法性而得有；
相㉙与无相㉚无差别，入于究竟㉛皆无相。
若有欲得如来智㉜，应离一切妄分别㉝；
有无通达皆平等，疾作人天大导师㉞。
无量无边天女㉟众，种种言音称赞已；
身心寂静㊱共安乐，瞻仰如来默然住。
实时菩萨解脱月㊲，知诸众会咸寂静；
向金刚藏㊳而请言，大无畏者㊴真佛子㊵。
从第九地㊶入十地㊷，所有功德㊸诸行相㊹；
及以神通变化㊺事，愿聪慧者㊻为宣说。

注释

①**十地品**：系《华严经》的品名。是详细解释十地菩萨修行的一品。

②**净居天**：亦称五净居天。谓色界第四禅，证得不还果之圣者所居之处。共有五天：无烦天，即无一切烦杂之处；无热天，即无一切热恼之处；善现天，即能现胜法之处；善见天，即能见胜法之处；色究竟天，即色界天最胜之处。此五天唯有圣人能居住，没有异生杂居，故名净居天。

③**那由他**：数目名。相当于通常所讲的"亿"。但佛经中所讲的"亿"，有十万、百万、千万三等。

④**菩萨**：梵语 Bodhisattra "菩提萨埵"的略称，意译"觉有情""道众生"等。"菩提"，意为大觉，即对事对理都能如实明白，了知人生的真实意义，由此向人生的究竟努力不懈。"萨埵"，意为有情（众生），凡有坚强意欲向前迈进力量的，包括人和一切有情识的生物，都称为有情。"菩提"和"萨埵"合起来略称为"菩萨"，意思是觉悟了的有情，即能上求大觉，下济有情，并努力前进的人，就谓之菩萨。

⑤**悦意香**："悦意"，巴利语 Mānatta "摩那埵"的意

译。意谓比丘犯了僧残罪，要进行忏悔，洗除罪业，自喜亦使诸僧众生喜悦之心，谓之"悦意"。能使众生生起喜悦的香，谓之"悦意香"。

⑥**自在天王**："自在天"，又名"摩酰首罗天"。此天天王称"自在天王"，有三目八臂，骑白牛。

⑦**虚空**：虚与空的合称，都是"无"的别名。虚无形质，空无障碍，故名虚空。

⑧**天衣**：谓天人之衣，其重量甚轻。又天人之衣，不用针线缝制，十分完美。

⑨**法界**：含义甚广。从狭义讲，即十八界中意识所对之法界。从广义讲，则一切境（包括有、无），一切法，无所不包，无所不摄，总该万有，均谓之法界。一般可作两种解释：一、就事而言，法就是一切诸法，界就是分界。一切诸法各有自体，分界不同，故名法界。但每一种法各名为法界，而总该万有亦谓之一法界。二、就理而言，真如的体性，名之为法界。故诸法所依之性即名法界，又诸法皆同一性，是名法界。

⑩**一毛孔**："毛孔"，即身上毫毛之穴。"一毛孔"，极少的比喻说法。

⑪**微尘**：物质的最小单位。佛教典籍中称色体之极少为"极微"，七倍极微称为"微尘"。

⑫**如来**：佛的十种名号之一。"如"即"如实""真

如"，指佛所说的佛教真理，循此真如能达到佛的觉悟，故名"如来"。

⑬**正法轮**："法轮"，谓佛的教法，如车轮旋转，能转凡成圣，能摧破众生之恶业，犹如转轮圣王之轮宝，能碾摧山岳岩石，故名。而如来所说的教法，是正确的、真理的教法，故名"正法轮"。

⑭**佛刹**：即佛土、佛国。现亦通称佛寺为佛刹。

⑮**兜率宫**：即兜率天宫。兜率天，为欲界六天中第四天名。此天一昼夜，为人间四百年；此天一年，合人间十四万四千年；此天寿四千岁，合人间五亿七千六百万年。此天有内、外两院，内院为弥勒菩萨的净土，外院为天人所居之欲乐处。

⑯**入母胎**：佛陀八相成道之第二相，即佛陀乘六牙白象由摩耶夫人右胁入胎之相。

⑰**住胎**：佛陀八相成道之第三相，即佛陀在母胎行住坐卧一日六时为诸天说法之相。

⑱**出胎**：佛陀八相成道之第四相，即佛陀四月八日于蓝毗尼园由摩耶夫人右胁出生之相。

⑲**出家**：指出离在家的生活，去修沙门的净行。这里是指佛陀八相成道的第五相，即佛陀十九岁（一说二十九岁）观世间之无常，离开王宫入山学道之相。

⑳**道场**：一般指佛寺。这里指佛陀成道的地方。

㉑**成正觉**：即成道、成佛。这里指佛陀八相成道的第六相，即佛陀经六年苦行，在菩提树下成佛得道之相。

㉒**涅槃**：梵文 Nirvāṇa 的音译，亦译"般涅槃""泥洹""般泥洹""泥曰"等，意译"灭""灭度""寂灭""圆寂"等。是佛教修行所要达到的最高理想境界，一般指熄灭生死轮回而后获得的一种解脱境界。但一般指佛陀肉体之死。这里指佛陀八相成道的第八相，即佛陀八十岁于娑罗双树下入于涅槃之相。

㉓**十方**：即东、南、西、北、东南、西南、东北、西北、上、下。

㉔**幻师**：指作幻术之人，即今之魔术师。

㉕**智慧**：智和慧的合称。明白一切事相叫作智；了解一切事理叫作慧。即由修习佛教道理而得到的一种辨别现象、判断是非、善恶的认识能力。

㉖**法性**：亦称实相、真如、法界等，即诸法的本性。诸法之本体，无论是染是净，在有情在无情，其性不改不变，故名法性。

㉗**寂灭无相**："寂灭"，即梵语涅槃的意译。因其体寂静，离一切相，故称寂灭无相。

㉘**第一实义**：即第一义谛。二谛之一。又名真谛、胜义谛、真如、实相等。此深妙之真理，至高无上，为诸法中第一，故名第一实义。

㉙**相**：指一切事物的外观形状或状态。

㉚**无相**：谓一切法无自性，本性为空；空、无性，即不可以相表示，故为无相。亦为涅槃之别名，因涅槃远离一切虚妄之相。

㉛**究竟**：指事理圆满、至极之义。

㉜**如来智**：亦称如来慧，即如来之智慧，亦即一切种智。

㉝**妄分别**：即虚妄的分析和辨别。谓凡夫不知真如平等之理，于是在分析、辨别一切事物时，生起善恶、美丑等种种不同的妄见。

㉞**大导师**：佛、菩萨之德号。因其能引导众生使之超脱生死之险难，故名。

㉟**天女**：梵语伲缚迦你Devakanyā之意译。指欲界六天之女性。

㊱**寂静**：脱离一切烦恼谓之寂，杜绝一切苦患谓之静。亦即涅槃之理。

㊲**解脱月**：菩萨名。

㊳**金刚藏**：菩萨名。

㊴**大无畏者**：指对于一切都无所畏惧之人。

㊵**佛子**：众生受佛教戒律后，将来必当作佛，故称为佛子。亦为菩萨之通称。

㊶**九地**：此处指菩萨十地中的第九地，即善慧地。

此地成就力波罗蜜，具足十力，对于一切，知道哪些可度，哪些不可度，能够说法，故云善慧地。

㊷**十地**：此处指菩萨十地中的第十地，即法云地。此地成就智波罗蜜，具足无边功德，生出无边功德水，犹如大云覆盖虚空，出清净之众水，故云法云地。

㊸**功德**："功"指资润福利之功能，即一切善行；德指得到之福报。一切善行所得之福报，谓之功德。又世人拜佛、诵经、布施、供养等，都叫作功德。

㊹**行相**："行"指一切现象的生灭变化活动。佛教常把迁流三世的有为法通称为"行"。"相"指呈现于人的面前，可以分别认识的现象。一切有为法之相状，即名行相。

㊺**神通变化**：神秘莫测谓之神，通达无碍谓之通。通过修持禅定所得到的一种功能，谓之神通。而这种神通变化无穷，所以称为神通变化。

㊻**聪慧者**：即生性聪明、具有智慧的人。

译文

数以亿万计的五净居天天众，听到此十地中的一切胜行；在虚空中都心怀喜悦，大家一起虔诚地供养一切诸佛。

许多不可思议的菩萨们，亦在虚空中皆大欢喜；大家都点燃最上等的悦意香，普遍熏那菩萨们集会的会场，使之清洁明净。

自在天王和一切天众，在虚空中有无量亿数；普遍散发天衣供养诸佛，有百千万种在天空中五彩缤纷地落下。

天上的彩女也不计其数，无一不欢欣鼓舞地供养诸佛；各自演奏出种种奇妙的音乐，都以此作为语言而赞叹这次盛会。

佛身安坐在某一个国土上，一切世界都能示现出其身体；无数的身相端正庄严难以形容，充满了一切广大世界。

佛于一个毛孔中放出光明，能普遍灭除全世界的烦恼与黑暗；一切国土中最小的微尘也可以测知其数量，佛放出的这种光明不可能测知。

或者看见如来具有许许多多的身兼容貌，在那里宣讲至高无上的佛法；或者看见如来于一切佛刹国土游行教化众生，或者看见如来安坐在一处寂然不动。

或者看见如来现在住于兜率天宫，或者看见如来从兜率天宫下来降生人间进入母胎；或者看见如来住于母胎中为诸天说法，或者从摩耶夫人右胁出生，使无量无数的国土中都能看见。

或者看见如来离开王宫出家修道，或者看见如来在道场成就正等正觉；或者看见如来宣说佛法或示现涅槃之相，普使十方世界都能看见。

犹如魔术师精于变幻之术，在广大观众中能作种种魔术；如来的智慧也是如此，于世间中能普遍出现种种身相。

如来住于甚深的真实法性中，其本身寂灭无相如同虚空一样；但于胜义谛中，能示现出种种所行之事。

其所做一切利益众生之事，都是依据法性才有的；一切事物的相状与远离一切虚妄的涅槃之相无任何差别，进入圆满究竟的境地都是远离一切的无相。

如果有人想要得到如来的智慧，应该远离一切虚妄分别；认识到有相和无相互通达都是平等的，就能很快地成为人天大导师——佛。

无量无边的天女们，以种种美好的语言、声音称赞如来以后，都身心寂静非常安乐，默默地瞻仰着如来的仪容。

这时有一位解脱月菩萨，看到参加大会一切大众都寂静无声，于是就向金刚藏菩萨说，你是一位大无畏的真佛子。

从第九地善慧地进入第十地法云地，所具有的一切功德和一切行相，还有一切神通变化等事，愿既聪明而又有智慧的您为大家宣说。

原典

尔时，金刚藏菩萨摩诃萨[1]告解脱月菩萨言：佛子！菩萨摩诃萨从初地[2]乃至第九地，以如是无量智慧观察觉了已，善思惟修习，善满足白法[3]，集无边助道法[4]，增长大福德智慧[5]，广行大悲[6]，知世界差别，入众生界[7]稠林，入如来所行处，随顺[8]如来寂灭行[9]，常观察如来力、无所畏、不共佛法[10]，名为得一切种[11]、一切智智[12]受职位[13]。

佛子！菩萨摩诃萨以如是智慧入受职地已，即得菩萨离垢三昧[14]、入法界差别三昧[15]、庄严道场三昧[16]、一切种华光三昧[17]、海藏三昧[18]、海印三昧[19]、虚空界广大三昧[20]、观一切法自性三昧[21]、知一切众生心行三昧[22]、一切佛皆现前三昧[23]。如是等百万阿僧祇[24]三昧，皆现在前。

菩萨于此一切三昧，若入若起，皆得善巧[25]，亦善了知一切三昧所作差别。其最后三昧名受一切智胜职位[26]。此三昧现在前时，有大宝莲华[27]忽然出生，其华广大，量等百万三千大千世界[28]以众妙宝间错庄严，超过一切世间境界[29]。出世善根[30]之所生起，知诸法如幻[31]性，众行所成，恒放光明，普照法界，非诸天处³²之所能有。毗琉璃摩尼宝³³为茎。栴檀王³⁴为台，玛瑙³⁵为须，阎浮檀金³⁶为叶。其华常有无量光明，众宝为藏，宝网³⁷弥覆，十三千大千世界微尘数莲华以为眷属³⁸。

注释

①**菩萨摩诃萨**：为梵语菩提萨埵摩诃萨埵的略称。"菩提萨埵"，前已有解。"摩诃萨埵"，意译为大有情、大众生。"菩萨摩诃萨"，即大菩萨。

②**初地**：即菩萨十地中的第一地，亦即欢喜地。此地为菩萨已满初阿僧祇劫之行，初得圣性，破见惑，证得二空之理，生大欢喜，故名欢喜地。

③**白法**：即白净之法，也即一切善法之总称。

④**助道法**："助道"，谓一切之道品，皆能资助止观，资助果德，故名助道。能够资助成就佛道之法，谓之助道法。

⑤**福德智慧**：指福德庄严和智慧庄严。修福德之善行而为身之庄严者，名福德庄严；以研得智慧而为身之庄严者，名智慧庄严。

⑥**大悲**：救他人苦难之心谓之悲。佛菩萨之悲心，非常广大，故名大悲。

⑦**众生界**：相对佛界之称谓。十界之中，除佛界外，其他九界总称为众生界。

⑧**随顺**：追随、顺从的意思。

⑨**寂灭行**：谓超出世界，证得涅槃境界（寂灭境界）之修行。

⑩**力、无所畏、不共佛法**："力"，即十力，指如来所具有的十种力用：智觉处非处智力，知三世业报智力，知诸禅解脱三昧智力，知诸根胜劣智力，知种种解智力，知种种界智力，知一切至处道智力，知天眼无碍智力，知宿命无漏智力，知永断习气智力。"无所畏"，即四无所畏，亦称四无畏。有佛四无畏和菩萨四无畏两种，此处指佛四无畏，即：一切智无所畏，漏尽无所畏，说障道无所畏，说尽苦道无所畏。"不共佛法"，即十八不共法。谓佛的十八种功德法，唯佛独有，不与三乘共有，故称不共佛法。即：身无失、口无失、念无失、无异想、无不定心、无不知已舍、欲无减、精进无减、念无减、慧无减、解脱无减、解脱知见无减、一切身业随智慧行、一切口业随智慧行、一切意业随智慧行、智慧知过去世无碍、智慧知未来世无碍、智慧知现在世无碍。

⑪**一切种**：即一切种智，三智之一。一切种智即佛智。此智通达诸法的总相、别相、化道、断惑，合一切智及道种智二智，故名一切种智。

⑫**一切智智**：意谓一切智智是佛智，是一切智中之智，故名一切智智。

⑬**受职位**："受职"，即传法灌顶。得传法灌顶之位，名受职位。

⑭**菩萨离垢三昧**："三昧"，即定，谓专注一境而不散乱的精神状态。菩萨得脱离烦恼垢染的三昧，是谓菩萨离垢三昧。

⑮**法界差别三昧**：即一切诸法各各不同的三昧。

⑯**庄严道场三昧**："庄严"，即装饰，谓以善美装饰佛国土，或以功德装饰依身。以美好的事物和功德装饰佛成道处、佛寺的三昧，即名庄严道场三昧。

⑰**一切种华光三昧**：谓一切种智放出华光之三昧。

⑱**海藏三昧**：谓如于大海中蕴藏一切事物，佛之智海也蕴藏一切法之三昧。

⑲**海印三昧**：谓如于大海中印现一切事物，佛之智海也印现一切法之三昧。

⑳**虚空界广大三昧**："虚空界"，即我们眼睛所看到的天空，也就是空间世界。所有空间世界的广大三昧，谓之虚空界广大三昧。

㉑**观一切法自性三昧**：谓观察一切诸法本体的三昧。

㉒**知一切众生心行三昧**：谓能了知一切众生心理活动的三昧。

㉓**一切佛皆现前三昧**：谓一切诸佛都能显现在自己面前的三昧。

㉔**阿僧祇**：印度数目名，译为无央数。意思是这数目多到无法计算的地步，亦就是无数。

㉕**善巧**：即善良巧妙之意。指佛菩萨教化众生之方法。巧妙，又作善权。为善巧方便之略称。

㉖**受一切智胜职位**：谓受一切智最胜的传法灌顶之位。

㉗**大宝莲华**：谓由珠宝连缀而成之大莲华。

㉘**三千大千世界**：佛教用以说明世界组成情况的用语。以须弥山为中心，七山八海交互围绕着，以铁围山为外廓，同一日月所照的四天下，是为一小世界。一千小世界，为一"小千世界"；一千"小千世界"，集成为一"中千世界"；一千"中千世界"，集成为一"大千世界"。因这"大千世界"由小、中、大三种千世界所集成，故称三千大千世界。

㉙**境界**：即人们所居住之境土的界限，如国境、国界、边境、边界等。

㉚**善根**：即良善的根性，亦即产生诸善法之根本。如身、口、意三业之善，固不可拔，又能生其他善，故称善根。

㉛**诸法如幻**：谓一切诸法，均如幻如化而不实在，

故称诸法如幻。

㉜**天处**：即一切诸天所居之处。

㉝**毗琉璃摩尼宝**："毗琉璃"，七宝之一，即青色之宝石。"摩尼宝"，一切珠宝之总名。"毗琉璃摩尼宝"，即琉璃珠宝。

㉞**栴檀王**："栴檀"即"旃檀"，一种檀香木，出于南印度，其香味远飘四方。檀香木中之王，称栴檀王。

㉟**玛瑙**：七宝之一，为一种宝石。

㊱**阎浮檀金**：一种金的名称，其色赤黄，带紫焰气。"阎浮"为树名，阎浮树下有河，称"阎浮檀"，此河中出金，称阎浮檀金。

㊲**宝网**：用珠宝连缀而成的网。

㊳**眷属**：原意为家眷、亲属。此处意为附属陪衬之物。

译文

这时候，金刚藏大菩萨告诉解脱月菩萨说：佛子！大菩萨从初地直至第九地，以这种无量智慧观察一切事物，觉了一切事物以后，又善于思考、修习，善于圆满成就一切善法，积聚了无数的资助成就佛道之法，逐渐增长广大的福德和智慧，广行救苦救难之大悲心，了解世界上所发生的一切，进入像密林一样的众生界，又进入如来所修行之处，随顺如来的寂灭境界，经常观察如来所具有的十力、四无畏、十八不共法，这就名为得一切种智和一切智智，受传法灌顶之位。

佛子！大菩萨以这样的智慧进入传法灌顶之位以后，就能得到菩萨的离垢三昧，进入法界差别三昧、庄严道场三昧、一切种智华光三昧、海藏三昧、海印三昧、虚空界广大三昧、观一切法自性三昧、知一切众生心行三昧、一切佛皆现前三昧。像这样数以百万亿计的三昧，都能显现在面前。

菩萨对于这一切三昧，无论是入定或是从定中起来，都得到善巧的方法，又善于了解一切三昧中所有的种种不同的三昧，其最后的三昧名为受一切智胜职位三昧。这种三昧示现于我们面前时，会忽然出现大宝莲华，这种宝莲华的华，十分广大，相等于百万个三千大千世界。又以许多奇妙的珍宝交互装饰着，超过一切世间的胜境。出世间的善根从此而生起，能了知一切诸法如幻如化，都是众行因缘和合而成，经常放出大光明，普照一切法界，非一切天处之所能有。这大宝莲华以琉璃珠宝为茎，以檀香木中之王为台，以玛瑙为须，以阎浮檀金为叶。其华常发出无量光明，隐藏着一切众宝，用宝网普遍地覆盖着，并有十个三千大千世界微尘数那样多的宝莲华作为陪衬。

原典

尔时，菩萨坐此华座，身相大小正相称可，无量菩萨以为眷属，各坐其余莲华之上，周匝围绕①，一一各得百万三昧，向大菩萨一心瞻仰。

佛子！此大菩萨并其眷属坐华座时，所有光明及以言音，普皆充满十方法界，一切世界咸悉震动，恶趣②休息，国土严净，同行菩萨靡不来集，人天音乐同时发声，所有众生悉得安乐，以不思议③供养之具，供一切佛，诸佛众会悉皆显现。

佛子！此菩萨坐彼大莲华座时，于两足下，放百万阿僧祇光明，普照十方诸大地狱④，灭众生苦。于两膝轮⑤，放百万阿僧祇光明，普照十方诸畜生趣⑥，灭众生苦。于脐轮⑦中，放百万阿僧祇光明，普照十方阎罗王⑧界，灭众生苦。从左右胁，放百万阿僧祇光明，普照十方一切人趣⑨，灭众生苦。从两手中，放百万阿僧祇光明，普照十方一切诸天⑩及阿修罗⑪，所有宫殿。从两肩上，放百万阿僧祇光明，普照十方一切声闻⑫。从其项背，放百万阿僧祇光明，普照十方辟支佛⑬身。从其面门，放百万阿僧祇光明，普照十方初始发心⑭乃至九地诸菩萨身。从两眉间，放百万阿僧祇光明，普照十方受职菩萨，令魔宫殿⑮悉皆不现。从其顶上，放百万阿僧祇三千大千世界微尘数光明，普照十方一切世界诸佛如来道场众会，右绕十匝，住虚空中，成光明网，名炽然光明，发起种种诸供养⑯事，供养于佛。余诸菩萨从初发心乃至九地所有供养，而比于此，百分不及一，乃至算数譬喻所不能及。其光明网普于十方一一如来众会之前，雨众妙香⑰、华鬘⑱、衣服、幢幡⑲、宝盖⑳、诸摩尼㉑等庄严之具，以为供养，皆从出世善根所生，超过一切世间境界。若有众生见知此者，皆于阿耨多罗三藐三菩提㉒得不退转㉓。

佛子！此大光明作于如是供养事毕，复绕十方一切世界一一诸佛道场众会，经十匝㉔已。从诸如来足下而入。尔时，诸佛及诸菩萨，知某世界中某菩萨摩诃萨能行如是广大之行，到受职位。

佛子！是时十方无量无边乃至九地诸菩萨众皆来围绕，恭敬供养，一心观察。正观察时，其诸菩萨即各获得十千三昧。当尔之时，十方所有受职菩萨，皆于金刚庄严臆德相㉕中，出大光明，名能坏魔怨㉖。百万阿僧祇光明以为眷属，普照十方，现于无量神通变化。作是事已，而来入此菩萨摩诃萨金刚庄严臆德相中。其光入已，令此菩萨所有智慧势力增长过百千倍。

尔时，十方一切诸佛从眉间出清净光明，名增益一切智神通[27]，无数光明以为眷属，普照十方一切世界，右绕十匝，示现如来广大自在[28]，开悟无量百千亿那由他诸菩萨众，周遍震动一切佛刹，灭除一切诸恶道[29]苦，隐蔽一切诸魔宫殿，示一切佛得菩提处[30]，道场众会庄严威德[31]。如是普照尽虚空遍法界一切世界[32]已，而来至此菩萨会上，周匝右绕，示现种种庄严之事。现是事已，从大菩萨顶上而入，其眷属光明亦各入彼诸菩萨顶。当尔之时，此菩萨得先所未得百万三昧，名为已得受职之位，入佛境界，具足十力，堕在佛数[33]。

佛子！如转轮圣王[34]所生太子，母是正后，身相具足。其转轮王令此太子坐白象宝妙金之座[35]，张大网幔[36]，建大幢幡，然香散花，奏诸音乐，取四大海[37]水置金瓶内。王执此瓶灌太子顶，是时即名受王职位。堕在灌顶刹利王[38]数，即能具足行十善道[39]，亦得名为转轮圣王。菩萨受职亦复如是，诸佛智水灌其顶故，名为受职。具足如来十种力故，堕在佛数。

佛子！是名菩萨受大智[40]职。菩萨以此大智职故，能行无量百千万亿那由他难行之行[41]，增长无量智慧功德，名为安住法云地。

注释

①**周匝围绕**：即四周环绕着。

②**恶趣**：谓众生以恶业之因而趣向苦恶之所。即地狱、饿鬼、畜生三恶趣。

③**不思议**：即不可思议。谓深妙之理、稀奇之事，不可用大脑思维，不可以言语议论。

④**诸大地狱**：即一切大地狱。一般称有八大地狱，即：等活地狱、黑绳地狱、众合地狱、号叫地狱、大号叫地狱、炎热地狱、大极热地狱、无间地狱。

⑤**两膝轮**：即人体两膝的周围。

⑥**畜生趣**：六趣之一，谓畜生所依住之处。

⑦**脐轮**：即人体肚脐（腹部凹陷的部分）的周围。

⑧**阎罗王**：谓专管地狱的神。

⑨**人趣**：六趣之一，谓人所依住之处。

⑩**一切诸天**：意谓所有的一切诸天神，包括欲界六天，色界四禅十八天，无色界四处四天，以及日天、月天、韦驮天等诸种天神。

⑪**阿修罗**：六趣之一，亦为天龙八部众之一。意译为"非天"，因其有天之福而无天之德，似天而非天。为常与帝释天战斗之神。因其容貌丑陋，亦译为"无端"；又因其国酿酒不成，亦译"无酒"。

⑫**声闻**：即二乘中之声闻乘。谓闻佛之声教，悟四谛之理，断见、思之惑而得涅槃之道者。

⑬**辟支佛**：亦译缘觉、独觉，二乘之一。凡自觉不

从他闻，观十二因缘之理而悟道者，名为缘觉；若生于无佛之世，观诸法生灭因缘而自行悟道者，名为独觉。

⑭**初始发心**：即大乘菩萨十住中初住开始发心的阶段。

⑮**魔宫殿**：即天魔所居之宫殿。

⑯**供养**：谓以香花、灯明、饮食、资财等资养佛、法、僧三宝，均谓之供养。

⑰**雨众妙香**：谓如下雨一般撒下许多殊妙之香。

⑱**华鬘**：谓以鲜花或制作之花结成的花环。

⑲**幢幡**：即悬挂于佛像前的旌旗一类的饰物。竿柱高出，以种种丝帛装饰，头上安置宝珠的名"幢"；有长帛下垂的名"幡"。

⑳**宝盖**：即悬于佛菩萨等高座之上的天盖，上面装饰着珠宝和玉石等。

㉑**摩尼**：即珠宝之类的总称。

㉒**阿耨多罗三藐三菩提**：佛智名。亦译无上正遍知、无上正等正觉等。意为真正平等、圆满、觉知一切真理的无上智慧。

㉓**不退转**：谓所修之功德善根愈增愈进，不再退失转变。是菩萨修行阶位之一。经过一大阿僧祇劫的修行，就到达此位。

㉔**十匝**：即环绕十周。

㉕臆德相："臆"，即胸。人体胸部的德相，即称臆德相。

㉖魔怨：意谓恶魔。因恶魔向人行恶，为人之怨敌，故名魔怨。

㉗神通：一种不可思议而又无阻无碍之力用。有五神通、六神通、十神通等区别。

㉘广大自在：即大自在。谓具有广大之力用，无论何事都能做。

㉙恶道：亦称恶趣。即生前造作恶业，而于死后趋往苦恶之处所。有地狱、饿鬼、畜生三恶道。

㉚菩提处：即觉悟佛道之处。

㉛威德："威"，即使人可畏；"德"，即使人可爱。威严的美德，即称威德。

㉜尽虚空遍法界一切世界：意谓穷尽一切空间，遍及无所不包、无所不摄的法界，这样的一切世界。

㉝佛数：即佛的行列之中。

㉞转轮圣王：古代印度对能征服天下的大王之尊称。此王具有三十二相，即位时由天感得轮宝。他转动轮宝，降伏四方，故名转轮圣王。

㉟坐白象宝妙金之座：意谓骑着白象坐在用美妙的金子装饰起来的座位上。

㊱网幔：意为纵横交叉的帐幔。

㊲**四大海**：即位于须弥山四周之大海。

㊳**刹利王**：“刹利”，即刹帝利。印度四种姓之第二种姓。因一般都是掌握军政的国王等，被称为“王种”，故称为刹利王。

㊴**十善道**：即不杀生、不偷盗、不邪淫、不妄语、不两舌、不恶口、不绮语、不贪、不嗔、不痴。因此十种善行是通向善处的道路，故称十善道。

㊵**大智**：即佛智，谓通达一切事理的广大智慧。

㊶**难行之行**：即十分艰难的修行虽属困难，然终能成办。

译文

这时候，菩萨坐在此宝莲华的座位上，其身相大小正好与座位相称，还有许许多多的菩萨作为陪伴，各自坐在其他莲华的座位上，四周环绕着，每一位菩萨都得到百万的三昧，同时向大菩萨专心一致地瞻仰着。

佛子！此大菩萨及其陪伴者坐在宝莲华座位上时，所有的光明及其言语声音，普遍地充满了十方法界，一切世界都发生震动，一切地狱、饿鬼、畜生等恶趣都停止活动，一切国土都庄严清净，所有菩萨都同来集会，所有人界天界的音乐同时发出声音，所有的众生都得到安乐，以不可思议的供养物品供养一切诸佛，一切诸佛的集会全部显现了出来。

佛子！此菩萨坐在那大宝莲华的座位上时，于双足之下，放出无数大光明，普遍照耀十方世界的一切大地狱，灭除了一切众生之苦。从两膝的周围，放出无数大光明，普遍照耀十方世界的一切畜生趣，灭除了一切众生之苦。从腹部的周围，放出无数的大光明，普遍照耀十方世界的阎罗王界，灭除了一切众生之苦。从左右胁，放出无数的大光明，普遍照耀十方世界的一切人趣，灭除了一切众生之苦。从两手中，放出无数的大光明，普遍照耀十方世界的一切诸天和阿修罗的所有宫殿。从两肩上，放出无数的大光明，普遍照耀十方世界的一切声闻乘人。从其项背，放出无数的大光明，普遍照耀十方世界的辟支佛身。从其面门，放出无数的大光明，普遍照耀十方世界的初地始发心者，直至九地的一切菩萨身。从两眉间，放出无数的大光明，普遍照耀十方世界的受法灌顶菩萨，使恶魔的宫殿全部不见。从其顶上，放出无数的三千大千世界像微尘数那样多的大光明，普遍照耀十方一切世界的诸佛如来道场众会，向右绕行十周，停留在虚空之中，形成一片光明之网，名为炽然光明，同时发起种种供养之事，供养一切诸佛。这种供养，与其他所有的菩萨，包括初地始发心菩萨直至九地菩萨的所有供养相比较，是百分不及一分，及至所有的算数、譬喻都不能及。其光明网，普遍出现于十方世界的一切如来众会之前，同时飘下许多妙香、华鬘、衣服、旌旗、宝盖，以及许多珠宝等装饰品，以为供养。这都是从出世间的善根所生，它超过一切世间境界。如果有众生见到这些，皆于阿耨多罗三藐三菩提之位，不再退转。

佛子！此大光明做完了如此的供养事后，又围绕十方一切世界各种诸佛道场的众会，经过十转之后，从一切如来的脚下而入。这时候，一切诸佛及一切菩萨，知道某一世界中某一大菩萨，能行这样的广大之行，直到传法灌顶之位。

佛子！这时无量无边乃至第九地的菩萨们，都来围绕着这位菩萨的周围，恭敬地供养这位菩萨，专心一致地对这位菩萨进行观察。正在观察之时，这些菩萨们就各自获得了十千三昧。就在这一时候，十方世界所有受法灌顶的菩萨，都于金刚庄严的臆德相中放出大光明，名为能破坏一切恶魔怨敌。有无数的光明作为陪伴，普遍照耀十方世界，示现出无数的神通变化。做完了此事以后，这些无数的光明都进入此大菩萨的金刚庄严臆德相中。进入以后，使此菩萨所有的智慧力增长了千百倍。

这时候，十方世界的一切诸佛都从眉间放出清净光明，名为增益一切智神通。又有无数光明作为陪伴，普遍照耀十方一切世界，从右至左绕行十周，示现出如来的广大自在之力，开悟无数的菩萨们，震动了四周的一切佛国土，灭除了一切恶道之苦，一切诸魔的宫殿都隐而不见，显示出一切诸佛证得无上正等正觉之处以及道场众会的庄严威德。像这样普遍照耀了一切虚空界、法界和一切世界以后，这大光明就来到此菩萨会上，向右绕行一周，示现出种种庄严之事。以后就从大菩萨顶上进入，其陪伴光明也各各进入这位大菩萨顶。这时，此菩萨得到了以前所没有得到的无数三昧，这就名为已得传法灌顶之位，进入了佛的境界，具足了十力，落在佛的行列之中。

佛子！犹如世间转轮圣王所生的太子，母亲是正宫皇后，容貌端正。其父转轮王命此太子坐在白象和用珠宝、金银装饰起来的座位上。同时铺设纵横交叉的大宝网幔，建立大幢幡，燃香散花，演奏一切美妙的音乐。又取来四大海之水，放在金瓶之内，转轮王就用金瓶内之水，灌太子顶，这就名为受王位灌顶。落在灌顶的刹帝利王行列以后，就能圆满具足地行十善道，也就称之为转轮圣王。菩萨传法灌顶受职也是如此，因一切诸佛用智慧之水灌其顶，所以称为传法灌顶受职。因为圆满具足了如来的十种力，所以也进入了佛的行列中。

佛子！这就名为菩萨受大智慧传法灌顶。菩萨因为受大智慧传法灌顶，所以能行无数的难行之行，增长无量的智慧和功德，这就称为安住法云地。

原典

佛子！菩萨摩诃萨住此法云地，如实知欲界集[①]、色界[②]集、无色界[③]集、世界集、法界集、有为界[④]集、无为界[⑤]集、众生界集、识界[⑥]集、虚空界集、涅槃界[⑦]集。此菩萨如实知诸见[⑧]烦恼[⑨]行集，知世界成坏[⑩]集，知声闻行集、辟支佛行集、菩萨行集、如来力、无所畏、色身、法身[⑪]集、一切种一切智智集，示得菩提转法轮[⑫]集，入一切法分别决定智[⑬]集。举要言之，以一切智知一切集。

佛子！此菩萨摩诃萨以如是上上觉慧，如实知众生业[⑭]化、烦恼化、诸见化、世界化、法界化、声闻化、辟支佛化、菩萨化、如来化、一切分别无分别化，如是等皆如实知。

又如实知佛持[⑮]、法持、僧持、业持、烦恼持、时持、愿持、供养持、行持、劫持、智持，如是等皆如实知。

又如实知诸佛如来入微细智[⑯]，所谓修行微细智、命终微细智、受生微细智、出家微细智、现神通微细智、成正觉微细智、转法轮微细智、住寿命⑰微细智、般涅槃微细智、教法住⑱微细智，如是等皆如实知。

又入如来秘密处⑲，所谓身秘密、语秘密、心秘密、时非时思量秘密、授菩萨记⑳秘密、摄众生秘密、种种乘㉑秘密、一切众生根行㉒差别秘密、业所作秘密、得菩提行秘密，如是等皆如实知。

又知诸佛所有入劫智，所谓一劫入阿僧祇劫，阿僧祇劫入一劫；有数劫入无数劫，无数劫入有数劫；一念入劫，劫入一念；劫入非劫，非劫入劫；有佛劫入无佛劫，无佛劫入有佛劫；过去、未来劫入现在劫，现在劫入过去、未来劫；过去劫入未来劫，未来劫入过去劫；长劫入短劫，短劫入长劫，如是等皆如实知。

又知如来诸所入智，所谓入毛道㉓智，入微尘智，入国土身㉔正觉智㉕，入众生身㉖正觉智，入众生心㉗正觉智，入众生行㉘正觉智，入随顺一切处正觉智，入示现遍行智，入示现顺行智，入示现逆行智，入示现思议、不思议世间了知不了知行智，入示现声闻智、辟支佛智、菩萨行如来行智。

佛子！一切诸佛所有智慧，广大无量，此地菩萨皆能得入。

佛子！菩萨摩诃萨住此地，即得菩萨不思议解脱、无障碍解脱、净观察解脱、普照明解脱、如来藏㉙解脱、随顺无碍轮解脱、通达三世解脱、法界藏㉚解脱、光明轮㉛解脱、无余境界㉜解脱。此十为首，有无量百千阿僧祇解脱门㉝，皆于此第十地中得。如是乃至无量百千阿僧祇三昧门，无量百千阿僧祇陀罗尼门㉞，无量百千阿僧祇神通门，皆悉成就。

佛子！此菩萨摩诃萨通达如是智慧，随顺无量菩提，成就善巧念力㉟。十方无量诸佛所有无量大法明㊱、大法照㊲、大法雨㊳，于一念顷，皆能安、能受、能摄、能持，譬如娑伽罗龙王㊴所霔大雨，惟除大海，余一切处皆不能安、不能受、不能摄、不能持。如来秘密藏大法明、大法照、大法雨，亦复如是。唯除第十地菩萨，余一切众生、声闻、独觉，乃至第九地菩萨，皆不能安、不能受、不能摄、不能持。

佛子！譬如大海能安、能受、能摄、能持，一大龙王所霔大雨，若二若三，乃至无量诸龙王雨，于一念间，一时霔下，皆能安、能受、能摄、能持。何以故？以是无量广大器故。住法云地菩萨亦复如是，能安、能受、能摄、能持一佛法明、法照、法雨，若二若三，乃至无量，于一念顷一时演说，悉亦如是。是故此地名为法云。

注释

①**欲界集**："欲界"，三界之一。即有淫欲和食欲、

睡眠欲的众生所居住的世界。其范围包括上自六欲天，中至人界的四大部洲，下至八大地狱等。所有欲界的集合，谓之欲界集。

②**色界**：三界之一，在欲界之上。此界众生，但有色相，而无男女诸欲，故名色界。其范围包括初禅至四禅共十八天。

③**无色界**：三界之一，在色界之上。是色相俱无，但以心识住于深妙之禅定的众生所居住的世界。其范围包括四空天。

④**有为界**：即有因缘造作而有生、住、异、灭四相的世界。

⑤**无为界**：即无因缘造作，无生灭变化而寂然常住之法的世界。

⑥**识界**：十八界之一。即六识心王及八识心王，自持其体，与其他界有所区别，故名识界。

⑦**涅槃界**：即不生不灭的境界。

⑧**见**：指思考、推论而决断事理的见解。

⑨**烦恼**：指贪欲、嗔恚、愚痴等诸惑，能烦心恼身，故名烦恼。

⑩**世界成坏**：即世界的形成与毁坏。亦即世界的生灭变化。

⑪**色身、法身**："色身"，指由地水火风四大等色法

所组成的身体。"法身"，即佛的真身。以正法为体，故名法身。

⑫转法轮：佛陀说法的一种比喻。"轮"，原是转轮圣王的轮宝，能回转四天下，碾摧诸怨敌。佛陀的教法，亦能回转一切众生界，摧毁诸烦恼，故将佛陀说法称为转法轮。

⑬分别决定智：指分别智与决定智。"分别智"，即分析、辨别有为事相的智慧。此智在佛为后得之权智，在凡夫则是虚妄的计度；"决定智"，即佛的根本实智。谓远离虚妄的计度，与真理冥符，称无分别智，亦即决定智。

⑭业：即人们的一切善恶思想行为。好的思想行为称善业，坏的思想行为称恶业。

⑮持：即执持、受持、持有的意思。受持于佛，无漏无失，名为"佛持"。

⑯微细智：谓极微细之智慧，唯佛所有。

⑰寿命：即人从生至死的一期之生命。在此一期生命的持续期间，身体具有煖（体温）与识（心识）的作用，临命终时，煖、识离开肉体，寿命即终止。

⑱教法住："教法"，指佛所说的大小三藏十二部经典，亦即佛所说的全部法。为四法之一。住于教法，即称教法住。

⑲**如来秘密处**："秘密"，谓深奥、隐密之法门，不轻易示人。如来所说诸经以及一生行事，均有不轻易示人的秘密之处，故名如来秘密处。

⑳**授菩萨记**：即佛对不退转位之菩萨授与将来必当作佛之记别。

㉑**种种乘**：即种种性乘。五乘中之第四乘，是将一切诸乘合起来说的。

㉒**众生根行**：即众生根和众生行。"众生根"，即众生之根性，包括眼、耳、鼻、舌、身、意六根。"众生行"，即众生之言行，包括身、口、意的一切造作。

㉓**毛道**：亦作毛头。凡夫之异名。谓凡夫根性愚钝，心行不定，犹如毛发之随风吹动而忽东忽西。

㉔**国土身**：佛十身之一。即六道众生所依之处，亦即国土世间。

㉕**正觉智**：谓一切诸法的真正觉智，亦即如来之实智。

㉖**众生身**：佛十身之一。即六道之众生，亦即众生世间。

㉗**众生心**：即一切众生所有之心。有真心、妄心之别。

㉘**众生行**：即一切众生之言行。

㉙**如来藏**：谓真如在烦恼中，摄藏如来一切果地上

的功德，故名如来藏。

㉚**法界藏**：谓一切有为法内含藏有一切功德之德行，故名法界藏。

㉛**光明轮**：谓佛的光明如车轮一样，旋转不停。

㉜**无余境界**：谓事理至极之境界。

㉝**解脱门**：即涅槃、解脱之门户。有空、无相、无愿三种禅定，为解脱之门户，称三解脱门。

㉞**陀罗尼门**：谓总持无量佛法令不忘失的门户。

㉟**善巧念力**："念力"，五力之一。谓专念之力，能抗御其他一切障碍，破除一切邪念，故名念力。十分善美巧妙的念力，即名善巧念力。

㊱**大法明**：谓大乘深妙之法放大光明。

㊲**大法照**：谓大乘深妙之法光辉照耀。

㊳**大法雨**：谓大乘深妙之法能滋润众生，故譬之为雨，名大法雨。

㊴**娑伽罗龙王**：亦作娑竭罗龙王。是依所住之海、所依之国而立名的。

译文

佛子！大菩萨住在此法云地，能如实了知全部的欲界、色界、无色界、世界、法界、有为界、无为界、众生界、识界、虚空界和涅槃界。此菩萨还能如实了知一切诸见和烦恼行为，了知一切世界的成坏，了知一切修声闻乘之行、修辟支佛行、修菩萨行。了知一切如来具有的十力、四无畏、色身和法身，一切种智和一切智智；了知一切如来示现证得无上正等正觉和初转法轮，入一切法的分别智与决定智。扼要地说，就是如来以一切智能了知所有世界的一切。

佛子！此大菩萨以这样的上上觉悟和智慧，如实了知众生业的变化，烦恼的变化，一切见的变化，世界、法界的变化，声闻、辟支佛、菩萨、如来的变化，一切思量事物的分别和无分别的变化等。

又能如实了知受持于佛、法、僧，受持业和烦恼，受持时间的迁流，受持行愿和供养，受持一切业行，受持一切大时，受持一切智慧等。

又能如实了知诸佛如来进入一切极微细的智慧，所谓修行时的微细智、命终时的微细智、受生时的微细智、出家时的微细智、示现神通时的微细智、成正觉时的微细智、在转法轮（弘宣佛法）时的微细智、有生之年的微细智、般涅槃时的微细智、住于佛所说的全部教法时的微细智等。

又能进入如来所说诸经及一生行事的秘密之处，所谓身体秘密、语言秘密、心意秘密，适时和非时思量的秘密，授予菩萨必当作佛记别的秘密，摄受众生的秘密，包括声闻、缘觉、菩萨等种种大小乘的秘密，一切众生的根性和言行有种种区别的秘密，业所起作用的秘密，证得无上正等正觉之行的秘密等。

又能如实了知一切诸佛所有进入劫时的智慧，所谓一劫入无数劫，无数劫入一劫；又有数劫入无数劫，无数劫入有数劫；一念入一劫，一劫入一念；劫入非劫，非劫入劫；又有佛劫入无佛劫，无佛劫入有佛劫；过去、未来劫入现在劫，现在劫入过去、未来劫；过去劫入未来劫，未来劫入过去劫；长劫入短劫，短劫入长劫等。

又能如实了知如来的一切所能进入的智慧，所谓入凡夫之智，入微尘那样的智，入国土世界的真正觉智，入众生世界的真正觉智，入众生心的真正觉智，入众生行的真正觉智，入随顺一切处的真正觉智，入示现一切遍行的智慧，入示现一切顺行的智慧，入示现一切逆行的智慧，入示现出可思议和不可思议世间的可以了知和不可以了知的行业之智，入示现声闻的智慧、辟支佛的智慧、菩萨所行和如来所行的智慧等。

佛子！一切诸佛所有的智慧，广大无量，此法云地的菩萨都能进入。

佛子！大菩萨住于此地，就可以得到菩萨的不可思议的解脱、无障碍的解脱、净观察的解脱、普遍照明的解脱、如来藏的解脱、随顺无碍法轮的解脱、通达三世的解脱、法界藏的解脱、光明轮的解脱、无余境界的解脱。以上面所说的十种解脱为首，还有无量无数的解脱门，都能在此第十法云地中得到。像这样一直到无量无数的三昧门、陀罗尼门和神通门，都能在此地中获得成就。

佛子！此大菩萨通达这样的智慧，随顺无量的无上正等正觉，成就十分善巧的念力。因此，十方世界无量的诸佛所有的、无数的大乘佛法所放出的光明、大乘佛法的光辉照耀和滋润众生的大法雨，于一念之间，皆能安住、接受、摄取、执持，犹如婆伽罗龙王所降下的倾盆大雨，除了大海以外，其余一切地方都不能安住、接受、摄取和执持。如来的秘密藏大法明、大法照、大法雨也是如此。除了第十法云地的菩萨，其余的一切众生、声闻、独觉，一直到第九地的菩萨，都不能安住、接受、摄取和执持。

佛子！犹如大海，不仅能安住、接受、摄取和执持一个大龙王所降的倾盆大雨，就是两个大龙王、三个大龙王乃至无数的大龙王降雨，于一念之间全部降下，大海都能安住、接受、摄取和执持。为什么？因为大海是无量的广大容器。住于法云地的菩萨也是如此，不仅能够安住、接受、摄取和执持一个佛的大法明、大法照、大法雨，就是两个菩萨、三个菩萨，直到无量无数的菩萨，于一念之间同时演说，也是如此。因此，将此地名之为法云地。

原典

解脱月菩萨言：佛子！此地菩萨于一念间。能于几如来所，安受摄持大法明、大法照、大法雨？

金刚藏菩萨言：佛子！不可以算数能知，我当为汝说其譬喻。佛子！譬如十方，各有十不可说百千亿那由他佛刹，微尘数世界①。其世界中，一一众生皆得闻持陀罗尼，为佛侍者②，声闻众中，多闻第一③，如金刚莲华上佛所大胜比丘④。然一众生所受之法，余不重受。佛子！于汝意云何？此诸众生所受之法为有量耶？为无量耶？

解脱月菩萨言：其数甚多，无量无边。

金刚藏菩萨言：佛子！我为汝说，令汝得解。佛子！此法云地菩萨于一佛所，一念之顷，所安、所受、所摄、所持大法明、大法照、大法雨，三世法藏，前尔所世界⑤一切众生所闻持法，于此百分不及一，乃至譬喻亦不能及。如一佛所，如是十方。如前所说，尔所世界微尘数佛，复过此数无量无边，于彼一一诸如来所，所有法明、法照、法雨三世法藏，皆能安、能受、能摄、能持，是故此地名为法云。

佛子！此地菩萨以自愿力⑥，起大悲云⑦，震大法雷⑧，通明无畏⑨以为电光，福德智慧而为密云。现种种身⑩，周旋往返。于一念顷，普遍十方百千亿那由他世界微尘数国土，演说大法，摧伏魔怨。复过此数，于无量百千亿那由他世界微尘数国土，随诸众生心之所乐，霈甘露雨⑪，灭除一切众惑尘焰⑫，是故此地名为法云。

佛子！此地菩萨于一世界，从兜率天下，乃至涅槃，随所应度众生心而现佛事，若二若三，乃至如上微尘数国土。复过于此，乃至无量百千亿那由他世界微尘数国土，皆亦如是，是故此地名为法云。

佛子！此地菩萨智慧明达，神通自在，随其心念，能以狭世界作广世界，广世界作狭世界，垢世界作净世界，净世界作垢世界。乱住、次住、倒住、正住⑬，如是无量一切世界皆能互作。或随心念，于一尘中，置一世界须弥卢⑭等一切山川，尘相如故，世界不减。或复于一微尘之中，置二、置三，乃至不可说世界须弥卢等一切山川，而彼微尘体相如本⑮，于中世界悉得明现。或随心念，于一世界中，示现二世界庄严，乃至不可说世界庄严。或于一世界庄严中，示现二世界乃至不可说世界。或随心念，以不可说世界中众生置一世界。或随心念，以一世界中众生置不可说世界，而于众生无所娆害⑯。或随心念，于一毛孔，示现一切佛境界庄严之事。

或随心念，于一念中，示现不可说世界微尘数身，一一身示现如是微尘数手，一一手各执恒河沙数⑰华奁⑱、香箧⑲、鬘盖⑳、幢旛，周遍十方，供养于佛。一一身复示现尔许微尘数头，一一头复现尔许微尘数舌，于念念中周遍十方，叹佛功德。或随心念，于一念间，普遍十方，示成正觉，乃至涅槃，及以国土庄严之事。或现其身普遍三世，而于身中有无量诸佛，及佛国土庄严之事，世界成坏，靡不皆现。或于自身一毛孔中，出一切风，而于众生无所恼害。

或随心念，以无边世界为一大海，此海水中，现大莲华，光明严好，遍覆无量无边世界，于中示现大菩提树㉑庄严之事，乃至示成一切种智㉒。或于其身，现十方世界。一切光明，摩尼宝珠、日月、星宿、云、电等光，靡不皆现。或以口嘘气，能动十方无量世界，而不令众生有惊怖想。或现十方风灾、火灾，及以水灾。或随众生心之所乐，示现色身庄严具足。或于自身示现佛身，或于佛身而现自身。或于佛身现己国土，或于己国土而现佛身。

佛子！此法云地菩萨能现如是及余无量百千亿那由他自在神力㉓。尔时，会中诸菩萨，及天、龙、夜叉、干阅婆、阿修罗㉔、护世四王㉕、释提桓因㉖、梵天㉗、净居、摩酰首罗㉘诸天子等，咸作是念，若菩萨神通智力能如是者，佛复云何？

尔时，解脱月菩萨知诸众会心之所念，白金刚藏菩萨言：佛子！今此大众闻其菩萨神通智力，堕在疑网，善哉仁者㉙，为断彼疑，当少示现菩萨神力庄严之事。

时金刚藏菩萨即入一切佛国土体性三昧㉚。入此三昧时，诸菩萨及一切大众皆自见身在金刚藏菩萨身内，于中悉见三千大千世界所有种种庄严之事，经于亿劫，说不能尽。又于其中见菩提树，其身周围十万三千大千世界，高百万三千大千世界，枝叶所荫亦复如是。称树形量，有师子座㉛。座上有佛，号一切智通王㉜。一切大众悉见其佛坐菩提树下师子座上，种种诸相以为庄严，假使亿劫，说不能尽。金刚藏菩萨示现如是大神力已，还令众会各在本处。时诸大众得未曾有，生奇特想，默然而住，向金刚藏一心瞻仰。

注释

①**微尘数世界**：即无量无数的国土世界。

②**佛侍者**：亲炙于佛左右而供使唤者。阿难为世尊侍者，为僧家侍者之嚆矢。

③**多闻第一**：指佛十大弟子中的阿难。因他多闻旷远，长于记忆，听而不忘，故被称为多闻第一。

④**大胜比丘**：梵语拘缔罗的意译。佛的大弟子之一。随佛陀出家后，得阿罗汉果，证得五蕴皆空之理，被称为悟空。

⑤**前尔所世界**：意谓以前所有的世界。

⑥**自愿力**：即自己的誓愿之力。

⑦**大悲云**：谓所发之大悲心普及一切众生，犹如天空的云一样。

⑧**大法雷**：谓大众妙法能破除众生之迷妄而使其开悟，有如雷霆之震骇众生。又比喻法音雄猛，犹如震雷。

⑨**通明无畏**："通明"，指"六通"与"三明"。具有六通与三明，即无所畏惧，故称通明无畏。

⑩**种种身**：即种种佛身。包括二身、三身、十身等。

⑪**甘露雨**："甘露"，又名天酒、美露，味甘如蜜，为天人所食。亦以甘露比喻佛法之法味与妙味长养众生之身心，故言如来之教法，犹如甘露之雨，故称甘露雨。

⑫**惑尘焰**：即烦恼微细的火焰。

⑬**乱住、次住、倒住、正住**：谓众生住于世界，有乱住、按次序住、颠倒住和正确住等不同。

⑭**须弥卢**：即须弥山，亦名妙高山。为一小世界之中心。山高八万四千由旬，山顶上为帝释天，四面山腰

为四天王天，周围有七香海、七金山。第七金山外有铁围山所围绕的咸海，咸海四周有四大部洲。

⑮**体相如本**：谓其本体和现象如同本来一样。

⑯**娆害**：即扰乱、危害。

⑰**恒河沙数**：恒河为印度大河，其中沙甚多，故以恒河沙数比喻物之甚多。

⑱**华奁**：即盛放花的匣子。

⑲**香箧**：即盛放香的小箱子。

⑳**鬘盖**：即用花环装饰的宝盖。

㉑**大菩提树**：即毕钵罗树，产于古印度。茎干黄白，枝叶青翠，经冬不凋。因释迦于此树下成道，故名大菩提树。

㉒**一切种智**：三智之一。谓能以一种智慧，觉知一切诸佛之道法和一切众生之因种，故名一切种智，亦即佛智。

㉓**自在神力**：即自由自在的神通力。

㉔**天、龙、夜叉、干闼婆、阿修罗**：为天龙八部中的五部众。

㉕**护世四王**：即四大天王。东方持国天王、南方增长天王、西方广目天王、北方多闻天王。因此四大天王都是守护世界的善神，所以称为护世四王。

㉖**释提桓因**：悟利天（三十三天）之主，简称帝释。

居于须弥山之顶的善见城，统领其余的三十二天。

㉗**梵天**：即色界之初禅天。此天无欲界的淫欲，寂静清净，故名梵天。此天共有三天，即梵众天、梵辅天、大梵天。一般所说梵天是指大梵天王，名叫尸弃，深信正法。

㉘**摩醯首罗**：天名，即大自在天。位于色界之顶上。因此天王在大千世界中得自在，故名大自在天。八臂三眼，骑白牛。

㉙**善哉仁者**："善哉"，意为好极了；"仁者"，对人的敬称，一般指有仁德的人。

㉚**体性三昧**：意为带有根本性的三昧。

㉛**师子座**："师子"即狮子。狮子为兽中之王，佛是人中狮子，故其所坐之处，包括床或地，都叫作师子座。

㉜**一切智通王**：佛的一个名号。意为通达一切智之王。

译文

解脱月菩萨问金刚藏菩萨说：佛子！此法云地菩萨在一念之间，能于几位如来的住所安住、接受、摄取、执持大法明、大法照和大法雨？

金刚藏菩萨回答说：佛子！这是不可以用一般的算

数就能了知的，我现在为你用譬喻来加以说明。佛子！譬如十方世界各有不可以说的无数佛刹、无数的微尘一样多的世界。在这个世界中，每一个众生都能得到闻持陀罗尼，成为佛的侍者，在声闻乘中多闻第一，就像是坐在金刚莲华上佛所那里的大胜比丘。然而，一位众生所受之法，其他众生就不再重受。佛子！你的意见认为怎样？这么许多众生所受之法，是有数量的呢，还是无量的呢？

解脱月菩萨回答说：其数量非常之多，无量无边。

金刚藏菩萨说：佛子！我为你作说明，使你得到理解。佛子！这法云地的菩萨，在一个佛所，一念之间所安住、接受、摄取、执持的大法明、大法照和大法雨这三世法藏，和以前所有世界的一切众生所闻持之法来比较，以前所有世界在此是百分不及一分，乃至用譬喻也不能及。如一个佛所，等于是十方一切世界。犹如前面所说过的那样，所有世界的微尘那样多的佛，甚至超过这个数量的无量无边的佛，对于每一个世界的许许多多如来的住所，所有的大法明、大法照、大法雨这三世法藏，都能安住、接受、摄取、执持，所以此地名为法云地。

佛子！此法云地菩萨以自己的誓愿之力，发起大悲心如云；施大法如震雷；具有六通、三明，无所畏惧，犹如电光；无量的福德智慧犹如密云。示现出种种佛身，周旋往返。在一念之间，能普遍于十方无数世界像微尘那样多的佛国土演说佛教大法，摧伏魔怨。又超过此数，于无数世界像微尘那样多的佛国土，随顺一切众生心之所乐，降甘露雨，灭除一切众生烦恼的火焰，所以此地名为法云地。

佛子！此法云地的菩萨在一个世界，从兜率天宫下来，直至般涅槃，随其所应普度一切众生心而示现种种佛事。如果在两个世界、三个世界，乃至如上面所说的像微尘那样多的佛国土，甚至超过这一数字，乃至无数世界的微尘数佛国土，也是如此，所以此地名为法云地。

佛子！此法云地的菩萨智慧明达，神通自在，能够随其心念将狭世界变作广世界，将广世界变作狭世界；将烦恼世界变作清净世界，将清净世界变作烦恼世界。有时杂乱地住于世，有时按次序住于世；有时颠倒住于世，有时正确住于世。像这样无数的一切世界，都能互相变化。或者随自己的心念，在一微尘中，安置一个世界的须弥山等一切山川，其一微尘的相状和原来一样，但世界并没有减少。或又于一微尘中，安置两个世界、三个世界，乃至不可说的无数世界的须弥山等一切山川，而其微尘的体相和原来的一样，在其中所有的世界都能明白地示现。或者随自己的心念，在一个世界中示现出两个世界的庄严相，乃至不可说的无数世界的庄严相。或者在一个世界的庄严相中，示现出两个世界乃至不可说的无数世界。

或者随自己的心念，以不可说的无数世界中的众生安置在一个世界中。或者随自己的心念，以一个世界中的众生安置在不可说的无数世界中，而对于众生无所扰乱和危害。或者随自己的心念，于一毛孔中，示现出一切佛的境界、庄严等事。

或者随自己的心念，于一念之中，示现出不可说的无数世界像微尘那样多的身体，而每一个身体示现出同样微尘数的手，每一只手各执如恒河沙那样多的花盒、香箧、鬘盖、幢幡，普遍于十方世界供养于佛。每一个身体又示现出同样微尘数的头，每一个头又示现出同样微尘数的舌头，一念接着一念地普遍于十方世界赞叹佛的功德。或者随自己的心念，于一念之间，普遍在十方世界示现证成无上正等正觉，乃至般涅槃，以及国土庄严之事。或者示现其身普遍于三世，而于身中有无数的一切诸佛，以及佛国土庄严之事，世界的成坏等，无一不在身中示现。或者在自身的一个毛孔中，发出一切风，而对于众生却无所恼害。

或者随自己的心念，以无量无边世界为一大海，在此大海水中，出现一朵大莲华，其光明庄严美好，普遍地覆盖着无量无边的世界，从中示现出庄严的大菩提树，乃至示现出成就一切种智。或者从其身上，示现出十方世界的一切光明，包括摩尼宝珠、日月、星宿、云、电等光，无不一一显现出来。或者嘘一口气，就能震动十方无量世界，而不使众生有惊惧、恐怖之想。或者示现十方世界的风灾、火灾及水灾。或者随顺众生乐悦之心，示现出庄严具足的色身。或者于自身示现为佛身，或者于佛身而示现为自身。或者于佛身示现出自己的国土，或者于自己的国土而示现为佛身。

佛子！此法云地菩萨能示现出如此，以及其他无数的自在神力。这时候，会中的一切菩萨，以及天、龙、夜叉、干闼婆、阿修罗、四大天王、忉利天王、梵天、净居天、大自在天等诸天，都这样想，如果菩萨的神通智力能够这样，那佛的神通智力又将怎样呢？

此时，解脱月菩萨知道参加的会众有如此想法，于是就对金刚藏菩萨说：佛子！现在大家听到菩萨的神通智力，已堕在疑网，你是一位仁者，为了消除他们的疑惑，你应该稍为示现一下庄严的神通之力。

当时金刚藏菩萨即进入一切佛国土的体性三昧。当进入这三昧时，一切菩萨及一切大众都看到自己的身体就在金刚藏菩萨身内，并于其中都清楚地看到三千大千世界所有的种种庄严之事，这些事经千百亿劫也说不尽。

又在其中看到菩提树，树身周围达十万三千大千世界，高达百万三千大千世界，其枝叶茂密成荫也是如此。和菩提树的形状相对称，有师子座，座上有佛，名号叫作一切智通王。一切大众全都看见其佛坐在菩提树下的师子座上，种种美好之相十分庄严。这庄严之相，即使是经历千百亿劫的时间也说不尽。金刚藏菩萨示现了这样的大神力后，仍旧叫与会的大众各自还归本处。其时一切大众得未曾有，各生奇特之想，默然而住，向金刚藏菩萨专心一致地瞻仰着。

原典

尔时，解脱月菩萨白金刚藏菩萨言：佛子！今此三昧甚为稀有，有大势力。其名何等？

金刚藏言：此三昧名一切佛国土体性。

又问：此三昧境界云何？

答言：佛子！若菩萨修此三昧，随心所念，能于身中现恒河沙世界微尘数佛刹，复过此数，无量无边。

佛子！菩萨住法云地，得如是等无量百千诸大三昧故，此菩萨身、身业①不可测知，语、语业②，意、意业③，神通自在，观察三世三昧境界、智慧境界，游戏一切诸解脱门，变化所作，神力所作，光明所作，略说乃至举足下足④，如是一切诸有所作，乃至法王子⑤住善慧地⑥菩萨皆不能知。

佛子！此法云地菩萨所有境界，略说如是，若广说者，假使无量百千阿僧祇劫亦不能尽。

解脱月菩萨言：佛子！若菩萨神通境界如是，佛神通力⑦，其复云何？

金刚藏言：佛子！譬如有人于四天下⑧取一块土，而作是言，为无边世界⑨大地土多？为此土多？我观汝问亦复如是。如来智慧无边无等⑩，云何而与菩萨比量⑪？

复次，佛子！如四天下取少许土，余者无量。此法云地神通智慧，于无量劫，但说少分，况如来地⑫？佛子！我今为汝引事为证，令汝得知如来境界。

佛子！假使十方，一一方各有无边世界微尘数诸佛国土，一一国土得如是地菩萨充满，如甘蔗、竹、苇、稻、麻、丛林。彼诸菩萨于百千亿那由他劫，修菩萨行⑬，所生智慧比一如来智慧境界，百分不及一，乃至优波尼沙陀分⑭亦不能及。

佛子！此菩萨住如是智慧，不异如来身语意业，不舍菩萨诸三昧力⑮，于无数劫，承事供养一切诸佛。一一劫中，以一切种供养之具而为供养，一切诸佛神力所加，智慧光明转更增胜。于法界中所有问难，善为解释，百千亿劫无能屈者。

佛子！譬如金师⑯以上妙真金作严身具⑰，大摩尼宝
钿厕其间⑱，自在天王⑲身自服戴，其余天人庄严之具所
不能及，此地菩萨亦复如是。始从初地乃至九地，一切
菩萨所有智行⑳皆不能及。此地菩萨智慧光明，能令众生
乃至入于一切智智，余智光明无能如是。

佛子！譬如摩醯首罗天王光明能令众生身心清凉，
一切光明所不能及。此地菩萨智慧光明亦复如是，能令
众生皆得清凉，乃至住于一切智智。一切声闻、辟支佛，
乃至第九地菩萨，智慧光明悉不能及。

佛子！此菩萨摩诃萨已能安住如是智慧，诸佛世尊
复更为说三世智㉑、法界差别智㉒、遍一切世界智㉓、照
一切世界智㉔、慈念一切众生智㉕。举要言之，乃至为说
得一切智智。此菩萨十波罗蜜㉖中，智波罗蜜㉗最为增
上㉘，余波罗蜜非不修行。

佛子！是名略说菩萨摩诃萨第十法云地。若广说者，
假使无量阿僧祇劫亦不能尽。

注释

①**身业**：三业之一，即身所作之业。

②**语业**：三业之一，即口所语之业。

③**意业**：三业之一，即意所思之业。

④**举足下足**：即将足举起和放下，意为一举一动。

⑤**法王子**："法王"，指佛陀。菩萨是生于佛陀之家的，将来要成佛，故总称菩萨为法王子。佛经中多称文殊菩萨为法王子。

⑥**善慧地**：大乘菩萨十地之第九地。此地成就力波罗蜜，具足十力，于一切处能了知谁可度、谁不可度，能说法，故名善慧地。

⑦**佛神通力**：即佛所具有的变幻莫测的神通之力。

⑧**四天下**：即四大洲，南赡部洲、东胜神洲、西牛货洲、北俱卢洲。

⑨**无边世界**：谓无有边际的世界，即虚空界。

⑩**如来智慧无边无等**：意为如来的智慧，极其广大，无有边际，无与伦比。

⑪**比量**：谓用已知之因（理由）比证未知之宗（命题）以生决定之正智。此处是比较衡量的意思。

⑫**如来地**：也称佛地，即成佛之位。

⑬**菩萨行**：谓求自利利他圆满佛果之菩萨众大行，亦即修菩萨之行。

⑭**优波尼沙陀分**：又作邬波尼杀昙分，意思是数之极微细者。

⑮**三昧力**：即定力。

⑯**金师**：即制作黄金饰品的金匠。

⑰**严身具**：指装饰佛身之物。

⑱**大摩尼宝钿厕其间**："大摩尼宝钿"，即大珠宝首饰。"厕其间"，即置放其间。

⑲**自在天王**：即大自在天王。有八臂三眼，骑白牛。谓此天王于大千世界中得自在，故名自在天王。

⑳**智行**：即智慧与修行的合称。

㉑**三世智**：大乘所说如来所具之十智之一，即对于三世法均通达圆明之智。

㉒**法界差别智**：如来十智之一，亦称法界无碍智。谓知一切众生本具法界之体，事理融通，不相障碍之智。

㉓**遍一切世界智**：如来十智之一，又称充满一切世界智。谓如来从定而起广大妙用，遍满世间，无不照了之智。

㉔**照一切世界智**：如来十智之一，即普照一切世间智。谓如来有大智慧光明，能普遍照了无量世界之智。

㉕**慈念一切众生智**：如来十智之一，亦称知一切众生智。谓如来慈念、了知所教化的一切众生之善恶因缘之智。

㉖**十波罗蜜**：为菩萨十地之行法。即施、戒、忍、精进、静虑、般若、方便善巧、愿、力、智十种波罗蜜。

㉗**智波罗蜜**：十波罗蜜之最后一种波罗蜜，谓如实知一切法之智。可分为受用法乐智与成熟有情智两种。

㉘增上：意谓势力最强者。

译文

这时候，解脱月菩萨对金刚藏菩萨说：佛子！如今这三昧甚为稀有，有非常大的势力，它们的名号是什么呢？

金刚藏菩萨回答说：此三昧名为一切佛国土体性。

解脱月菩萨又问：此三昧的境界是怎样的？

金刚藏菩萨回答说：佛子！如果菩萨修行这种三昧，随自己的心念，能于自己身中示现出像恒河沙那样多的世界，像微尘那样多的佛刹国土，还能够超过此数，无量无边。

佛子！菩萨住于法云地，因为能得如此无量百千的一切大三昧，因此，这位菩萨的身体和身业，不可以测算而得知。语和语业，意和意业，都神通自在，能观察三世的三昧境界、智慧境界，能遨游于一切解脱之门。其变化所作，神力所作，光明所作，简略地说，直至一举一动，像这样一切诸有所作，乃至法王子住于善慧地的菩萨都不能了知。

佛子！此法云地菩萨所有的境界，简要地说就是如此。如果要广说的话，即使是无数的劫时，亦说不尽。

解脱月菩萨说：佛子！如果菩萨的神通境界是这样的话，那么佛的神通之力又是怎么样的呢？

金刚藏菩萨说：佛子！譬如有人在四天下取一块土，就这样说，这块土和无边世界大地之土相比较，是无边世界大地的土多呢？还是这一块土多？我看你提出的问题也是如此。如来的智慧是无边无等的，怎样能用来与菩萨比较呢？

其次，佛子！像在四天下取少许泥土，其余的泥土还有无数。此法云地的神通智慧，对于无量劫的时间来说，仅说少部分，何况如来地的神通智慧？佛子！我现今为你引事为证，使你得知如来的境界。

佛子！假使十方世界，每一方世界各有无数世界像微尘那样多的许多佛国土，每一国土又有许多法云地的菩萨充满着，好像是甘蔗、竹子、芦苇、稻、麻、丛林一样。那许多菩萨在百千万亿劫的时间里，修菩萨行，所得到的智慧，比起如来的智慧境界来，百分不及一分，乃至许许多多极为微细的分，也不及一分。

佛子！此菩萨有这样的智慧，和如来的身、语、意业没有什么不同，不舍弃菩萨的一切三昧力，在无数的劫时中，承事供养一切诸佛。于每一个劫时中，以一切种种供养之具而供养一切诸佛，因而一切诸佛以神通之力加被于他，使他的智慧光明转为更加增胜。对于法界中所有一切问难，都能善为解释，虽然经历了百千亿的劫时，也没有人能使他屈服。

佛子！譬如金匠，以上妙真金作为装饰身体的原料，用大珠宝首饰镶嵌其间，大自在天王穿戴着这样的服装，这是其他任何天人的装饰品所不能比及的。此法云地的菩萨也是如此。一开始从初地欢喜地直至九地善慧地，一切菩萨所有的智慧与修行都比不上法云地菩萨。此法云地菩萨的智慧光明，能使众生直至进入一切智智，其他智慧的光明没有能像这样的。

佛子！譬如大自在天王的光明，能使众生的身心清凉，一切光明都不能与之相比。此法云地菩萨的智慧光明也是如此，能使众生都得到清凉，直至得到一切智智。一切声闻、辟支佛，乃至第九地菩萨，其智慧光明，都不及于他。

佛子！此大菩萨已安住于这样的智慧，诸佛世尊又更为说三世智、法界差别智、遍一切世界智、照一切世界智、慈念一切众生智等。扼要地来说，直至为他说一切智智，证得一切智智。此菩萨于十波罗蜜中，以智波罗蜜最为增上，但对其他波罗蜜也不是不修行。

佛子！这叫作略说大菩萨第十法云地。如果要广说的话，即使是无量无数的劫时也说不尽。

佛子！菩萨住此地，多作摩醯首罗天王，于法自在，能授众生、声闻、独觉、一切菩萨波罗蜜行①。于法界中，所有问难，无能屈者。布施、爱语、利行、同事②，如是一切诸所作业，皆不离念佛，乃至不离念具足一切种③、一切智智。复作是念，我当于一切众生为首、为胜，乃至为一切智智依止者。若勤加精进，于一念顷得十不可说百千亿那由他佛刹微尘数三昧，乃至示现尔所微尘数菩萨以为眷属。若以菩萨殊胜愿力自在示现④，过于此数。所谓若修行、若庄严⑤、若信解⑥、若所作⑦、若身、若语、若光明、若诸根⑧、若神变⑨、若音声⑩、若行处⑪，乃至百千亿那由他劫，不能数知。

佛子！此菩萨摩诃萨十地行相⑫次第现前⑬，则能趣入一切智智。譬如阿耨达池出四大河⑭，其河流注遍阎浮提⑮，既无尽竭，复更增长，乃至入海，令其充满。佛子！菩萨亦尔。从菩提心⑯流出善根大愿⑰之水，以四摄法⑱充满众生，无有穷尽。复更增长，乃至入于一切智海⑲，令其充满。

佛子！菩萨十地因佛智故而有差别。如因大地有十山王。何等为十？所谓雪山王⑳、香山王㉑、鞞陀梨山王㉒、神仙山王㉓、由干陀山王㉔、马耳山王㉕、尼民陀罗山王㉖、斫羯罗山王㉗、计都末底山王㉘、须弥卢山王㉙。

佛子！如雪山王，一切药草咸在其中，取不可尽。菩萨所住欢喜地㉚亦复如是，一切世间经书、技艺、文颂㉛、咒术㉜咸在其中，说不可尽。

佛子！如香山王，一切诸香咸集其中，取不可尽。菩萨所住离垢地㉝亦复如是，一切菩萨戒行、威仪㉞咸在其中，说不可尽。

佛子！如鞞陀梨山王，纯宝所成，一切众宝咸在其中，取不可尽。菩萨所住发光地㉟亦复如是，一切世间禅定㊱、神通、解脱三昧㊲、三摩钵底㊳咸在其中，说不可尽。

佛子！如神仙山王，纯宝所成，五通神仙㊴咸住其中，无有穷尽。菩萨所住焰慧地㊵亦复如是，一切道㊶中殊胜智慧咸在其中，说不可尽。

佛子！如由干陀罗山王，纯宝所成，夜叉、大神㊷咸住其中，无有穷尽。菩萨所住难胜地㊸亦复如是，一切自在、如意神通㊹咸在其中，说不可尽。

佛子！如马耳山王，纯宝所成，一切诸果咸在其中，取不可尽。菩萨所住现前地㊺亦复如是，入缘起理㊻，声闻果证㊼咸在其中，说不可尽。

如尼民陀罗山王，纯宝所成，大力龙神㊽咸住其中，无有穷尽。菩萨所住远行地^⑭亦复如是，方便^⑮、智慧、独觉果证^㉑咸在其中，说不可尽。

如斫羯罗山王，纯宝所成，诸自在众咸住其中，无有穷尽。菩萨所住不动地^㉒亦复如是，一切菩萨自在行^㉓，差别世界^㉔咸在其中，说不可尽。

如计都山王，纯宝所成，大威德阿修罗王^㉕咸住其中，无有穷尽。菩萨所住善慧地亦复如是，一切世间生灭智行^㉖咸在其中，说不可尽。

如须弥卢山王，纯宝所成。大威德诸天^㉗咸住其中，无有穷尽。菩萨所住法云地亦复如是，如来力、无畏、不共法^㉘，一切佛事咸在其中，问答宣说不可穷尽。

佛子！此十宝山王同在大海，差别得名。菩萨十地亦复如是，同在一切智中，差别得名。

注释

①**一切菩萨波罗蜜行**：意谓所有菩萨的波罗蜜大行。

②**布施、爱语、利行、同事**：指四摄法。即一、"布施摄"，谓若有众生乐财则布施财，乐法则布施法，使之由此而生亲爱之心，从而达到化度对方的目的。二、"爱语摄"，谓随着众生的根性而以善言慰喻，使之由此而生亲爱之心，从而达到化度对方的目的。三、"利行摄"，

谓起身、口、意之善行以利益众生，使之由此而生亲爱之心，以达到度人的目的。四、"同事摄"，谓亲近众生，同其苦乐，并以法眼见众生根性而随其所乐分形示现，令其同沾利益，由此而入道。

③**一切种**：即一切种智。

④**自在示现**：即自然而然地示现出来。

⑤**庄严**：严饰布列之意。即布列杂花、众宝、宝盖、幢、旛、璎珞等，以装饰严净道场或国土等。

⑥**信解**：谓相信和理解。听佛说法，初信后解，亦谓之信解。

⑦**所作**：谓身、口、意所发起的造作。

⑧**诸根**：指信、勤、念、定、慧五根和眼、耳、鼻、舌、身五根，以及其他一切之善根。

⑨**神变**：即神通变化。

⑩**音声**：即声音，为耳根所对之境。

⑪**行处**：谓修行、成道之处。

⑫**十地行相**：即十地行事的相状。

⑬**现前**：即显现于眼前。

⑭**阿耨达池出四大河**："阿耨达池"，意为无热恼池、清凉池。佛经中称，为阎浮提（赡部洲）四大河之发源地。位于香醉山之南，大雪山之北，周围八百里，以金、银、琉璃、颇梨（水晶）四宝装饰岸边。池中金沙弥漫，

清波皎洁如镜，有龙王名阿耨达居之，池中能出清冷之水供给赡部洲。由阿耨达池流出的四大河是：东面的恒河，亦称殑伽河；南面的信度河，亦称辛头河；西面的缚刍河，亦称博叉河；北面的徙多河，亦称私陀河。

⑮**阎浮提**：亦称赡部洲。因此洲中心有阎浮提树的森林，故称阎浮提，即我们现在所住的娑婆世界。

⑯**菩提心**：即求取正觉成佛之心。

⑰**善根大愿**："善根"，即善良的根性，亦即能产生诸善法之根。身、口、意三业之善，牢不可拔，能生余善，能生妙果，故称善根。以善良的根性发大愿，即谓之善根大愿。

⑱**四摄法**：即布施、爱语、利行、同事，前已有解。

⑲**一切智海**：即一切智如大海一样的多。

⑳**雪山王**：十山王之一。此山中有许多药草，能治众病。比喻欢喜地菩萨之圣智法药，用之不竭，以破无明，为超前之行位。

㉑**香山王**：十山王之一。此山中遍满一切诸香。比喻离垢地菩萨之戒行威仪、功德之妙香遍熏一切。

㉒**鞞陀梨山王**：十山王之一。"鞞陀梨"，意为种种持。此山由纯宝所成，持有种种之宝。比喻发光地菩萨之禅定、神通、解脱等诸法，皆可贵如宝。

㉓**神仙山王**：十山王之一。此山中多神仙居住，比

喻焰慧地菩萨，超出世间，得大自在。

㉔**由干陀山王**：十山王之一。"由干陀"，梵语持双。此山由纯宝所成，诸夜叉王咸住其中。比喻难胜地菩萨之如意神通，善巧自在。

㉕**马耳山王**：十山王之一。此山纯宝所成，盛产一切诸果。比喻现前地菩萨自理体起诸妙用，化导众生，以证声闻之果。

㉖**尼民陀罗山王**：十山王之一。"尼民陀罗"，意为持边。此山纯宝所成，大力龙神咸住其中。比喻远行地菩萨之方便智慧，化导众生，使证缘觉之果。

㉗**斫羯罗山王**：十山王之一。"斫羯罗"，意为轮围。此山由金刚轮围纯宝所成，诸自在仙皆住其中，比喻不动地菩萨之无功用道，得心自在，化诸菩萨众。

㉘**计都末底山王**：十山王之一。"计都末底"，亦作"计度末底"，意为幢慧。此山由纯宝所成，大威德之阿修罗王皆住其中。比喻善慧地菩萨，以善巧摄众生之大力智行。

㉙**须弥卢山王**：十山王之一。"须弥卢"，意为妙高。此山由纯宝所成，大威德天皆住其中。比喻法云地菩萨，具足如来之力，成就无畏，得不共法，为众宣说，问答无尽。

㉚**欢喜地**：菩萨十地之一。谓菩萨既满初阿僧祇劫

之行，初得圣性，破见惑，证得二空之理，生大欢喜，故名欢喜地。

㉛**文颂**：即文字和偈颂。

㉜**咒术**：即神咒之妙术。念咒能降灾于敌或为己除祸，具有杀人或延寿之奇术，故称为咒术。

㉝**离垢地**：菩萨十地之一。谓菩萨已成就戒波罗蜜，断修惑，除毁犯之垢，使身清净，故名离垢地。

㉞**威仪**：谓坐作进退有威德、有仪则。

㉟**发光地**：菩萨十地之一。谓菩萨已成就忍辱波罗蜜，断修惑，得谛察法忍，智慧显发，故名发光地。

㊱**世间禅定**：三种禅定之一。即凡夫所修之欲界定、色界之四禅定、无色界之四无色界定、四无量心定。凡以有漏智所修之禅定，包括外道禅、凡夫禅等均属之。

㊲**解脱三昧**：谓脱离一切束缚而自由自在之禅定。

㊳**三摩钵底**：禅定的一种。意译"正受""等至"等，身心安和，住于一境的意思。

㊴**五通神仙**：谓得天眼通、天耳通、他心通、宿命通、如意通（神足通）五通的神仙。

㊵**焰慧地**：菩萨十地之一。谓菩萨成就精进波罗蜜，断修惑，使慧性炽盛，故名焰慧地。

㊶**一切道**：即包括六道在内的一切诸道。

㊷**大神**：指八部众中之一切神。

㊸**难胜地**：即极难胜地，菩萨十地之一。谓菩萨成就禅定波罗蜜，断修惑；对真俗二智行相互违者，能使之合而相应，故名难胜地。

㊹**如意神通**：即如意通，为五神通之一。

㊺**现前地**：菩萨十地之一。谓菩萨成就慧波罗蜜，断修惑，发最胜智，使现前无染净之差别，故名现前地。

㊻**缘起理**：即事物由因缘而生起、消灭的道理。

㊼**声闻果证**：谓依因位之修行，而得声闻果地之证悟。

㊽**大力龙神**：即具有大力的龙神。为八部众之一。

㊾**远行地**：菩萨十地之一。谓菩萨成就方便波罗蜜，发大悲心，亦断修惑，远离二乘之自度，故名远行地。

㊿**方便**：谓用向上进展之方法与巧妙之言辞以教化众生。

(51)**独觉果证**：谓依因位之修行，而得独觉（缘觉）果地之证悟。

(52)**不动地**：菩萨十地之一。谓菩萨成就愿波罗蜜，断修惑，作无相观，智慧、功德都任运地增进，不为烦恼所动，也不为功用所动，故名不动地。

(53)**自在行**：谓心离一切烦恼之系缚，通达无碍、自由自在之行。

(54)**差别世界**：即种种不同的世界。

㉟阿修罗王："阿修罗"，八部众之一。又名无端、无酒、非天等，常与帝释天战斗之神。阿修罗中之王，称阿修罗王。

㊱一切世间生灭智行：谓一切世间有生有灭的有为法之智慧与修行。

㊲诸天：指五趣中的一切天趣。

㊳如来力、无畏、不共法：即如来所具有的十力、四无畏和十八不共法等。

译文

佛子！菩萨住于此法云地，多作大自在天王，于法自在，能授予众生、声闻、独觉和一切菩萨波罗蜜行。于法界中，所有的问难，都不能使其屈服。布施、爱语、利行、同事四摄法，像这样所有的一切作业，都不离念佛，乃至不离念圆满具足一切种智和一切智智。又作如此之念，我当于一切众生中为首者，为最胜者，乃至为一切智智所依止者。如果再勤加精进，就能于一念之间得到十个不可说的百千亿佛刹国土中像微尘那样多的三昧，乃至示现出同样数量的像微尘那样多的菩萨作为眷属陪伴。如果以菩萨的殊胜愿力神通自在地示现的话，所得的三昧和陪伴的菩萨还要远远超过这些。像修行的法门、庄严佛土的净业、甚深的信解、所作的佛事、清净的身、语业、智慧的光明、诸根的敏锐、神通力的变化、无穷的音声、修行成道的处所等，甚至经历千百亿劫时也不能知道其数量。

佛子！此大菩萨十地的行相如果按顺序示现于面前的话，就能够进入一切智智。譬如阿耨达池流出四大河，其河流流遍了我们的娑婆世界，既没有竭尽干涸的时候，又复更加增长，最后进入大海，使其充满。佛子！菩萨也是这样，从菩提心流出善根大愿之水，以四摄法充满众生，无穷无尽，又复更加增长，直至入于一切智慧之海，使其充满。

佛子！菩萨十地因为佛智而形成了各种差别。例如，因大地而有十山王。哪十山王呢？就是雪山王、香山王、鞞陀梨山王、神仙山王、由干陀山王、马耳山王、尼民陀罗山王、斫羯罗山王、计都末底山王、须弥山王。

佛子！如雪山王，其中有一切药草，取之不尽。菩萨所住欢喜地也是如此，一切世间的经书、技艺、文字偈颂、咒术等都在其中，说也说不尽。

佛子！如香山王，其中集有一切诸香，取之不尽。菩萨所住离垢地也是如此，一切菩萨的戒行、威仪等都在其中，说也说不尽。

佛子！如鞞陀梨山王，都用纯宝组成，一切众宝都在其中，取之不尽。菩萨所住的发光地也是如此，一切世间的禅定、神通、解脱三昧、等持等，都在其中，说也说不尽。

佛子！如神仙山王，都用纯宝组成，五通神仙全部住在其中，无穷无尽。菩萨所住的焰慧地也是如此，一切六道中的殊胜智慧都在其中，说也说不尽。

佛子！如由干陀罗山王，都用纯宝组成，所有夜叉、大神都全部住在其中，无穷无尽。菩萨所住的难胜地也是如此，一切自在、如意神通都在其中，说也说不尽。

佛子！如马耳山王，都用纯宝组成，一切诸果都在其中，取之不尽。菩萨所住的现前地也是如此，入缘起理、声闻果证，都在其中，说也说不尽。

如尼民陀罗山王，都用纯宝组成，大力龙神都住在其中，无穷无尽。菩萨所住的远行地也是如此，方便、智慧、独觉果证等都住在其中，说也说不尽。

如斫羯罗山王，都用纯宝组成，一切自在天众都住在其中，无穷无尽。菩萨所住不动地亦是如此，一切菩萨的自在行、差别世界都在其中，说也说不尽。

如计都山王，都由纯宝组成，大威德阿修罗王都住在其中，无穷无尽。菩萨所住善慧地也是如此，一切世间的生灭智行都在其中，说也说不尽。

如须弥山王，都用纯宝组成，大威德诸天都住在其中，无穷无尽。菩萨所住法云地也是如此，如来的十力、四无畏、十八不共法等一切佛事都在其中，问答宣说，无穷无尽。

佛子！此十宝山王同在大海中，因为有区别所以有十宝山之名。菩萨十地也是如此，同在一切智中，因为有区别，所以分别名为初地至十地。

原典

佛子！譬如大海以十种相得大海名，不可移夺。何等为十？一次第渐深①，二不受死尸②，三余水入中皆失本名，四普同一味，五无量珍宝，六无能至底，七广大无量，八大身③所居，九潮不过限，十普受大雨无有盈溢。菩萨行亦复如是。以十相故，名菩萨行，不可移夺。

何等为十？所谓欢喜地出生大愿，渐次深故。离垢地不受一切破戒尸④故。发光地舍离世间假名字故。焰慧地与佛功德同一味故。难胜地出生无量方便神通，世间所作众珍宝故。现前地观察缘生甚深理故。远行地广大觉慧善观察故。不动地示现广大庄严事故。善慧地得深解脱，行于世间，如实而知，不过限故。法云地能受一切诸佛如来大法明雨，无厌足故。

佛子！譬如大摩尼珠，有十种性出过众宝。何等为十？一者从大海出，二者巧匠治理，三者圆满无缺，四者清净离垢，五者内外明彻，六者善巧钻穿⑤，七者贯以宝缕，八者置在琉璃高幢⑥之上，九者普放一切种种光明，十者能随王意雨众宝物，如众生心，充满其愿。

佛子！当知菩萨亦复如是，有十种事出过众圣。何等为十？一者发一切智心，二者持戒头陀正行明净⑦，三者诸禅三昧圆满无缺，四者道行清白离诸垢秽，五者方便神通内外明彻，六者缘起智慧善能钻穿⑧，七者贯以种种方便智缕⑨，八者置于自在高幢⑩之上，九者观众生行放闻持光⑪，十者受佛智职，堕在佛数能为众生广作佛事。

佛子！此集一切种、一切智功德菩萨行法门品⑫，若诸众生不种善根，不可得闻。

解脱月菩萨言：闻此法门，得几所福⑬？

金刚藏菩萨言：如一切智所集福德，闻此法门，福德如是。何以故？非不闻此功德法门，而能信解、受持、读诵，何况精进如说修行。是故当知，要得闻此集一切智功德法门，乃能信解受持修习，然后至于一切智地⑭。

尔时佛神力故，法如是故，十方各有十亿佛刹微尘数世界，六种十八相动⑮，所谓动、遍动、等遍动⑯；起、遍起、等遍起⑰；涌、遍涌、等遍涌⑱；震、遍震、等遍震⑲；吼、遍吼、等遍吼⑳；击、遍击、等遍击㉑；雨众天华^㉒、天鬘^㉓、天衣，及诸天宝庄严之具。幢旛、绳盖，奏天伎乐^㉔，其音和雅，同时发声，赞一切智地所有功德。如此世界他化自在天王宫演说此法，十方所有一切世界悉亦如是。

尔时复以佛神力故，十方各十亿佛刹微尘数世界外，有十亿佛刹微尘数菩萨而来此会，作如是言：善哉！善哉^㉕！金刚藏！快说此法，我等悉亦同名金刚藏。所住世界各各差别，悉名金刚德^㉖，佛号金刚幢^㉗。我等住在本世界中，皆承如来威神之力，而说此法，众会悉等。文字句义，与此所说无有增减。悉以佛神力而来此会，为汝作证，如我等今者入此世界，如是十方一切世界悉亦如是而往作证。

注释

①**次第渐深**：即由浅至深、逐步深入的意思。

②**不受死尸**：意谓十分洁净，不接受死人的尸体。

③**大身**：指大海中鲲鲸之类大鱼的身体。

④**破戒尸**：指破坏佛教戒律者的尸体，意为很不洁净。

⑤**善巧钻穿**：谓非常精巧的雕琢。

⑥**琉璃高幢**：即用琉璃宝装饰的高幢（旌旗）。

⑦**持戒头陀正行明净**："持戒头陀"，指严持戒律的苦行僧。"正行明净"，谓真正的行业明净无垢。此句意为严持戒律的苦行僧具有真正的德行，一尘不染。

⑧**钻穿**：即钻营、穿凿。此处意为善于融会贯通。

⑨**贯以种种方便智缕**：意为将种种方便智如同丝线一样贯穿起来，融会贯通。

⑩**自在高幢**：即任运自在的高幢（旌旗）。

⑪**放闻持光**："闻持"，谓听闻教法能忆持不忘，即陀罗尼。放出陀罗尼的光辉，即谓之放闻持光。

⑫**集一切种、一切智功德菩萨行法门品**：意为集中了一切种智和一切智智功德之菩萨的修行法门之类。

⑬**福**：即福德。谓一切善行所得之福报。

⑭**一切智地**：即证得一切智之位，也就是佛果位。

⑮**六种十八相动**：即六类十八种大地震动之相。有动、起、涌、震、吼、击六种，每种又有小（独动）、中（遍动）、大（普遍动）三相。

⑯**动、遍动、等遍动**：即一方独动、向四方俱动和向四方齐动。

⑰**起、遍起、等遍起**："起"，即自下渐高。此句意为一方独起、四方俱起和八方齐起。

⑱**涌、遍涌、等遍涌**："涌"，原作"踊"，今依日本《大正藏》改。指忽然腾举。此句意为一方独涌、四方俱

涌和八方齐涌。

⑲震、遍震、等遍震："震"，谓隐隐出声。此句意为一方独震、四方俱震和八方齐震。

⑳吼、遍吼、等遍吼："吼"，谓雄声猛烈。此句意为一方独吼、四方俱吼和八方齐吼。

㉑击、遍击、等遍击："击"，谓碎然发响。此句意为一方独击、四方俱击和八方齐击。

㉒天华：指天上的妙华。

㉓天鬘：指天上以香草结成的华鬘。

㉔天伎乐：指天上的音乐。

㉕善哉善哉：系赞叹之辞，即好极了！好极了。

㉖金刚德：菩萨名，此处指金刚藏菩萨的另一名号。

㉗金刚幢：菩萨名。金刚界十六菩萨之一，此处意为金刚藏菩萨的佛号。

译文

佛子！譬如大海以十种相而得大海之名，不可变动。哪十种相呢？一、次第渐深；二、不受死尸；三、余水入中都失去其本来的名字；四、普遍同一种味；五、有无量珍宝；六、无法探知其底；七、广大无量无边；八、鲲鲸之类所居；九、潮水不过期限（涨落有时）；十、普遍接受大雨，没有盈溢之时。菩萨行也是如此。因为有十相，所以名为菩萨行，不可变动。

哪十种相呢？即：欢喜地生起大愿，是由浅渐次入深的；离垢地不受一切破戒死尸；发光地舍离世间一切假名字；焰慧地与佛的功德同为一味；难胜地生起无数的方便神通，为世间作众多珍宝；现前地观察缘生甚深的道理；远行地善于观察广大觉悟和智慧；不动地示现广大庄严之事；善慧地能得甚深解脱，行于世间，如实了知，不超过期限；法云地能接受一切诸佛如来的大法明、大法雨，没有满足的时候。

佛子！譬如大摩尼宝珠，有十种性能超过其他一切众宝。哪十种呢？一、从大海流出；二、巧匠所雕琢；三、完美无缺；四、清净而没有污垢；五、内外明彻；六、雕刻精细；七、用七宝丝线加以贯穿；八、安置在镶嵌着琉璃的高幢之上；九、普遍放出一切种种光明；十、能随顺王的意旨，从天空中落下许许多多宝物，好像众生心一样，充满其一切意愿。

佛子！你应该明白，菩萨也是如此，有十种事超过众圣。哪十种呢？一、发一切智之心；二、持戒头陀正确修行明亮清净；三、一切禅定圆满无缺；四、道行清白，远离一切垢秽；五、方便神通，内外明亮透彻；六、缘起智慧，善能融会贯通；七、用种种方便智慧贯穿起来；八、安置在任运自在的高幢之上；九、观众生之行，放出陀罗尼的光辉；十、受佛智传法灌顶，进入佛的行列，能为众生广作一切佛事。

佛子！这种集中了一切种智和一切智智功德的菩萨行法门品，如果是不种善根的一切众生，不可得而听闻。

解脱月菩萨问：听闻这种法门，能得多少福德？

金刚藏菩萨回答说：像一切智智所得的福德那样，听闻这种法门，能得同样的福德。为什么？因为并非是不听闻这种功德法门，就能够信解、受持、读诵一切佛法的，更何况要进一步精进如佛所说而修行。因此应该知道，一定要闻听了这种集中一切智智的功德法门，方才能够信解、受持、修习佛法，然后才能到达一切智智之地，即佛位。

这时候，由于佛的神通之力，加上佛法是佛陀亲口所说，因此十方世界各有十亿佛刹像微尘那样多的世界，发生六类十八种大地震动之相。这就是：一方独动、向四方俱动、向八方齐动；一方独起、四方俱起、八方齐起；一方独涌、四方俱涌、八方齐涌；一方独震、四方俱震、八方齐震；一方独吼、四方俱吼、八方齐吼；一方独击、四方俱击、八方齐击。同时天空落下许许多多的天华、天鬘、天衣以及各种天宝等庄严之物。又有幢旛、缯盖等，并演奏天音乐，声音和雅，能同时发声，赞叹一切智地的所有功德。像这个世界是在他化自在天王的宫殿里来演说此佛一样的法，十方所有的一切世界也都是这样。

这时候，菩萨又以佛的神通之力，在十方世界各有十亿佛刹，像微尘那样多的世界之外，又有十亿佛刹无数的菩萨来到此会，并这样说：好极了！好极了！金刚藏菩萨，你快说此法，我们全部同名金刚藏。虽然我们所住的世界有种种不同的差别，但都名为金刚德，佛号金刚幢。我们如今住在这个世界中，都承如来威神之力，而佛说此法，一切众会都是平等的，所有文字句义，其他法会与此会所说没有任何增减，都是承佛的威神之力而来此会的，将为你作证。就像我们今天进入这一世界一样，所有十方一切世界也都是这样而前往作证。

原典

尔时，金刚藏菩萨观察十方一切众会普周法界，欲赞叹发一切智智心①，欲示现菩萨境界②，欲净治菩萨行力③，欲说摄取一切种智道，欲除灭一切世间垢④，欲施与一切智，欲示现不思议智庄严⑤，欲显示一切菩萨诸功德，欲令如是地义转更开显⑥，承佛神力而说颂言：

其心寂灭恒调顺⑦，平等无碍如虚空；

离诸垢浊⑧住于道，此殊胜行⑨汝应听。

百千亿劫修诸善，供养无量无边佛；
声闻独觉亦复然，为利众生发大心⑩。

精勤持戒常柔忍⑪，惭愧福智⑫皆具足；
志求佛智修广慧⑬，愿得十力发大心。

三世诸佛⑭咸供养，一切国土悉严净；
了知诸法皆平等，为利众生发大心。

住于初地生是心，永离众恶常欢喜；
愿力广修诸善法，以悲悯故入后位⑮。

戒闻具足⑯念众生，涤除垢秽心明洁；
观察世间三毒火⑰，广大解者趣三地⑱。

三有一切皆无常，如箭入身苦炽然；
厌离有为求佛法，广大智人趣焰地⑲。

念慧具足得道智⑳，供养百千无量佛；
常观最胜诸功德，斯人趣入难胜地㉑。

智慧方便善观察，种种示现救众生；
复供十力无上尊㉒，趣入无生现前地㉓。

世所难知而能知，不受于我㉔离有无；
法性本寂随缘转，得此微妙向七地㉕。

智慧方便心广大，难行难伏难了知；
虽证寂灭勤修习，能趣如空不动地㉖。

佛劝令从寂灭起，广修种种诸智业㉗；

具十自在㉘观世间，以此而升善慧地㉙。

以微妙智观众生，心行业惑等稠林㉚；

为欲化其令趣道㉛，演说诸佛胜义藏㉜。

次第修行具众善，乃至九地㉝集福慧；

常求诸佛最上法，得佛智水灌其顶。

获得无数诸三昧，亦善了知其作业；

最后三昧名受职㉞，住广大境恒不动。

菩萨得此三昧时，大宝莲华忽然现；

身量称彼于中坐，佛子围绕同观察。

放大光明百千亿，灭除一切众生苦；

复于顶上放光明，普入十方诸佛会。

悉住空中作光网㉟，供养佛已从足入；

实时诸佛悉了知，今此佛子登职位。

十方菩萨来观察，受职大士舒光照；

诸佛眉间亦放光，普照而来从顶入。

十方世界咸震动，一切地狱苦消灭；

是时诸佛与其职，如转轮王第一子㊱。

若蒙诸佛与灌顶，是则名登法云地；

智慧增长无有边，开悟一切诸世间。

欲界色界无色界，法界世界众生界；

有数无数及虚空，如是一切咸通达。

一切化用大威力，诸佛加持微细智；

秘密劫数毛道等，皆能如实而观察。

受生舍俗成正道，转妙法轮入涅槃；

乃至寂灭解脱法，及所未说皆能了。

菩萨住此法云地，具足念力③⑦持佛法；

譬如大海受龙雨③⑧，此地受法亦复然。

十方无量诸众生，悉得闻持持佛法；

于一佛所所闻法，过于彼数无有量。

以昔智愿③⑨威神力，一念普遍十方土；

霂甘露雨灭烦恼，是故佛说名法云。

神通示现遍十方，超出人天世间境；

复过是数无量亿，世智④⓪思惟必迷闷。

一举足量智功德，乃至九地不能知；

何况一切诸众生，及以声闻辟支佛。

此地菩萨供养佛，十方国土悉周遍；

亦供现前诸圣众，具足庄严佛功德。

住于此地复为说，三世法界无碍智④①；

众生国土悉亦然，乃至一切佛功德。

此地菩萨智光明，能示众生正法④②路；

自在天光除世暗，此光灭暗亦如是。

住此多作三界王④③，善能演说三乘法④④；

无量三昧一念得，所见诸佛亦如是。

此地我今已略说，若欲广说不可尽；

如是诸地佛智中，如十山王嶷然住。

初地艺业㊺不可尽，譬如雪山集众乐；

二地戒闻如香山，三如鞞陀㊻发妙华。

焰慧道宝无有尽，譬如仙山㊼仁善住；

五地神通如由干㊽，六如马耳㊾具众果。

七地大慧如尼民㊿，八地自在如轮围(51)；

九如计都(52)集无碍，十如须弥(53)具众德。

初地愿首(54)二持戒(55)，三地功德(56)四专一(57)；

五地微妙(58)六甚深(59)，七广大慧(60)八庄严(61)。

九地思量微妙义(62)，出过一切世间道；

十地受持诸佛法，如是行海(63)无尽竭。

十行超世(64)发心初(65)，持戒第二(66)禅第三(67)；

行净第四(68)成就五(69)，缘生第六(70)贯穿七(71)。

第八置在金刚幢(72)，第九观察众稠林(73)；

第十灌顶随王意(74)，如是德宝渐清净。

十方国土碎为尘，可于一念知其数；

毫末度空可知量(75)，亿劫说此不可尽。

注释

①**发一切智智心**：即发佛智之心。

②**菩萨境界**：即菩萨所得果报之境地。

③**净治菩萨行力**：意为清除一切障碍菩萨修行之力用。

④**一切世间垢**：即一切世间的污染。

⑤**不思议智庄严**：即以不可思议的智慧庄严世界的一切。

⑥**欲令如是地义转更开显**：意为要使这菩萨十地的意义转而更为明显。

⑦**调顺**：即调伏信顺的意思。

⑧**垢浊**：即垢染、污浊，不清净。

⑨**殊胜行**：谓超越一切、世所稀有的行为。

⑩**大心**：指大乘心或大愿心。

⑪**柔忍**：即柔和、忍辱。此处意为严持戒律者应常柔和、忍辱。

⑫**惭愧福智**："惭愧"，惭与愧的合称。心所名。自己反省，对自己所犯过错、罪恶感到羞耻的精神作用谓之"惭"；对自己所犯过错、罪恶，面对他人时引以为耻的精神作用谓之"愧"。"福智"，即福德和智慧。

⑬**广慧**：即广大的智慧。

⑭**三世诸佛**：指出现于过去世、现在世、未来世三世的一切诸佛。在佛教成立时的释迦牟尼佛称为现在佛，在释迦牟尼佛以前的一切佛称为过去佛，在释迦牟尼佛以后成佛的称为未来佛。

⑮**后位**：指菩萨十地的第二地离垢地。因位于初地欢喜地之后，故称后位。

⑯**戒闻具足**：谓持戒、闻法皆圆满成就。

⑰**三毒火**："三毒"，即贪（贪爱五欲）、嗔（嗔恚无忍）、痴（愚痴无明）。因这三者能毒害人们的身命与慧命，故名三毒。此三毒如火炽燃人心，故名三毒火。

⑱**趣三地**：即趣入菩萨十地之第三地发光地。

⑲**趣焰地**：即趣入菩萨十地之第四地焰慧地。

⑳**道智**：十智之一。为证得上下界道谛之智。

㉑**趣入难胜地**：即趣入菩萨十地之第五地。

㉒**十力无上尊**："无上尊"，指佛在人天中最为尊胜。具有十力的佛世尊，即名十力无上尊。

㉓**无生现前地**："无生"，即无有生灭；"现前地"，即菩萨十地之第六地。

㉔**不受于我**：即不受常一主宰之我的支配。

㉕**七地**：即菩萨十地之第七地远行地。

㉖**如空不动地**："如空"，意为犹如虚空；"不动地"，即菩萨十地之第八地。

㉗**智业**：即智慧之业。

㉘**十自在**：即十种自在：一、"寿命自在"，谓菩萨成就法身慧命，已无生死寿夭之数，虽历万劫而不增长，而短促的一刹那亦不减退，但为了度众生随机示现长短

寿命之相，其心无所挂碍。二、"心自在"，谓菩萨了达诸法性空，不受任何的挂碍，故能智慧方便，调伏身心，入无量三昧，游戏神通，而无障碍。三、"资具自在"，又作"财自在""物自在""庄严自在"等。谓菩萨能以无量福德、种种珍宝、物资严饰一切世界，清净无碍。四、"业自在"，谓菩萨能随顺诸业，应时示现，受诸果报，无障无碍。五、"生自在"，亦作受生自在。谓菩萨随其心念能于一切世界中，示现受生，借以度脱无量众生，无障无碍。六、"愿自在"，谓菩萨随其所愿，能于一切佛国土中，随时随处成就无上正等正觉，无障无碍。七、"解自在"，又作"信自在""解脱自在""信解自在"等。谓菩萨能了达诸法，破一切执，故能胜解成就，从而示现种种色身，为诸众生演说无量妙法，无障无碍。八、"如意自在"，亦作"神力自在""神变自在"。谓菩萨神通广大，法力无边，能于各种世界中，示现变化，无障无碍。九、"智自在"，谓菩萨智慧具足，于一念中能示现、觉悟如来之十力、四无畏，成就无上正等正觉，无障无碍。十、"法自在"，谓菩萨得大辩才，于一切法中广说无边法门，度脱众生，无障无碍。此十种自在的次序，各经略有不同。

㉙善慧地：即菩萨十地中的第九地。

㉚心行业惑等稠林：意为一切心行、善恶业和烦恼

如密林一样。

㉛**趣道**：谓趋向菩提、涅槃之道。

㉜**胜义藏**：即胜义法，也即涅槃之理。

㉝**九地**：即善慧地。

㉞**受职**：即传法灌顶。此处指得最后的定，即传法灌顶的定。

㉟**光网**：即大光明网，形容光明之极盛。

㊱**转轮王第一子**：即转轮王之长子，将来要继承王位，进行灌顶。

㊲**念力**：五力之一。谓此专念之力，能抵抗其他一切障碍，故谓之念力。

㊳**龙雨**：意谓四海龙王所下的雨。

㊴**智愿**：即智慧与悲愿。此处指由大智慧所发之大悲弘愿。

㊵**世智**：即世间的智慧，为凡夫外道之智。

㊶**无碍智**：即通达自在之佛智。

㊷**正法**：即真正的佛法、教法。

㊸**三界王**：即欲界、色界、无色界之王。

㊹**三乘法**：即声闻、缘觉、菩萨"三乘"的教法。

㊺**艺业**：谓技艺业用。

㊻**鞞陀**：即鞞陀梨山。

㊼**仙山**：即神仙山。

㊽**由干**：即由干陀山。

㊾**马耳**：即马耳山。

㊿**尼民**：即尼民陀罗山。

㉛**轮围**：即斫羯罗山。此山由金刚罗围纯宝所成，故名轮围。

㉜**计都**：即计都末底山。

㉝**须弥**：即须弥卢山，简称须弥山。

㉞**初地愿首**：谓初地初得觉悟，证得圣道，首次如愿。

㉟**二持戒**：谓二地离垢地成就持戒波罗蜜。

㊱**三地功德**：谓三地发光地，智慧显发，能得种种功德。

㊲**四专一**：谓四地焰慧地专心一致，成就精进波罗蜜，使慧性炽盛。

㊳**五地微妙**：谓五地难胜地，成就禅定波罗蜜，能使真俗二智融合相应，微妙之极。

㊴**六甚深**：谓六地现前地，成就慧波罗蜜，发甚深智慧，使眼前无染净差别。

㊵**七广大慧**：谓七地远行地，成就方便波罗蜜，发大悲心，得大智慧，远离二乘之自度。

㊶**八庄严**：谓八地不动地，成就愿波罗蜜，作无相观，任运无功用相续。用无相之智慧庄严一切，绝不为

烦恼所动。

㉒**九地思量微妙义**：谓九地善慧地，成就力波罗蜜，思量微妙，于一切处都能了知可度不可度而为说法。

㉓**行海**：谓一切修行如大海。

㉔**十行超世**：谓十地修行超出一切世间。

㉕**发心初**：谓初地为发心之初位。

㉖**持戒第二**：谓二地离垢地，又名具戒地，是持戒之地。

㉗**禅第三**：谓三地发光地，是禅定之地，依禅定而得智慧之光。

㉘**行净第四**：谓四地焰慧地，舍离前三地的分别见解，修行净业。

㉙**成就五**：谓五地难胜地，已成就正智，得难以超出之位。或谓已成就出世间智，依自在之方便力救度难救众生之位。

㉚**缘生第六**：谓六地现前地，以成就慧波罗蜜为缘，从而生起最胜智，使眼前无染法、净法之差别。

㉛**贯穿七**：谓七地远行地，成就方便波罗蜜，由此贯穿而出生世间共不共胜进道。

㉜**第八置在金刚幢**：谓八地不动地，其绝不为烦恼所动之觉位，犹如置于金刚幢上不动摇一样。

㉝**第九观察众稠林**：谓九地善慧地，具足十力，观

察众生犹如观察密林一样，了如指掌。

⑭**第十灌顶随王意**：谓十地法云地，具足无边功德，得灌顶位，可以如同帝王灌顶后一样，一切事均可随意而作。

⑮**毫末度空可知量**："毫末"，意为极其微细之物，几乎不能眼见；"度空"，即计度虚空。此句意为虽然几乎不可见的毫末和无法计度的虚空，犹可知道其数量。

译文

这时候，金刚藏菩萨观察了十方世界的一切众会，意欲赞叹发一切智智心的人，欲示现菩萨的境界，欲净治菩萨的行力，欲演说摄取一切种智之道，欲灭除一切世间的烦恼，欲施给众生一切智，欲示现不思议智的庄严，欲显示一切菩萨的种种功德，欲使这法云地的意义更加明显，承佛的威神之力而说偈颂：

其心寂灭恒常调伏信顺，平等无碍犹如虚空；

远离一切垢染和污浊而住于佛道，这特别殊胜之行你应该仔细地听。

百千亿劫时修习种种善法，供养无量无边的佛；

声闻、独觉也要同样加以供养，为了利益众生应该发大心。

精勤持戒应经常柔和、忍辱、惭愧和福德、智慧应该圆满具足；

立志求取佛智应修广大的智慧，愿得佛的十力需要发大心。

三世诸佛都要供养，一切佛国土都要庄严和清净；

应该了知一切诸法都是平等的，为了利益众生必须发大心。

住于初地生起这样的心，永离众恶恒常欢喜；

依仗本愿之力广修一切善法，因为有悲悯之心因而进入离垢地。

持戒、闻法均圆满具足而思念众生，涤除垢染、污秽而使心地明亮、洁净；

观察一切世间的贪嗔痴三毒之火，广大解脱者都将进入第三发光地。

三界生死流转等一切都是无常的，犹如利箭入身痛苦如火燃烧；

厌离一切有为法而求取佛法，广大有智慧的人都将进入焰慧地。

念和慧都圆满具足就能证得道谛之智，应该供养百千无量无数的佛；

经常观察最胜的一切功德，此人即将进入难胜地。

用智慧和善巧的方法很好地观察一切，作种种示现以救度众生；

再供养具有十力的至高无上的佛世尊，就能进入无生无灭的现前地。

世间所难知之事而佛能知，不受我执的束缚而远离有和无；

法性本来是寂灭的，随着因缘而转变，得此微妙的道理就进入第七远行地。

智慧方便心量广大，难行难伏难以了知；

虽然已经证得寂灭之理仍要勤加修习，就能进入一切皆空的不动地。

佛陀劝令从寂灭开始起，就要广修种种智慧之业；

具备了十种自在用以观察世间的一切，以此就能升入善慧地。

以微妙的智慧观察一切众生，一切心行、善恶等业和烦恼犹如茂密的森林；

为欲教化他们使之趣向菩提、涅槃之道，演说一切诸佛的胜义之法。

按次第进行修行具备众善，就能至第九善慧地广集福德智慧；

经常求取一切诸佛的最上法门，就能得到佛智之法水灌其顶。

获得无数的三昧，也能善于了知其一切作业；

最后的三昧名为受职灌顶，住于广大的境界恒常不动。

菩萨得此三昧之时，大宝莲花忽然出现；

身体大小正好相称坐在其中，众多佛子围绕着他共同观察。

放出百千亿的大光明，灭除了一切众生之苦；

又复于顶上放出大光明，普遍进入十方世界的一切佛智。

这些光明全部住于空中形成一光明之网，供养佛陀以后从脚下进入；

当时一切诸佛都完全了知，如今这佛子已登上佛位。

十方世界的菩萨齐来观看，受灌顶登上佛位的菩萨舒展眉光照耀；

一切诸佛的眉间也放出光明，普遍照耀着从顶而入。

十方世界都发生震动，一切地狱之苦都被消灭；

此时诸佛为其传法灌顶，犹如世间转轮王的第一子。

如果能得到一切诸佛为其灌顶，这就名为登上法云地；

智慧的增进将无穷无尽，能够开悟一切世间的众生。

欲界、色界、无色界，法界、世界、众生界；

有情数界、无情数界及虚空界，如此一切界全都通达无碍。

一切教化都用大威力，诸佛世尊又为之加持微细智；

秘密劫数和凡夫等，都能如实而进行观察。

佛陀受生、舍俗出家、成正道，弘宣佛法、入般涅槃，乃至寂灭、解脱，以及未说之法，都能如实了知。

菩萨住于此法云地，具足了念力闻持佛法；

譬如大海接受四海龙王下雨，此法云地接受佛法也是如此。

十方世界的无量众生，都能得以闻持佛法、受持佛法；

在一处佛所所闻持的佛法，要超过其他佛所所闻持的佛法无其数。

以过去世的智慧与悲愿的威神之力，一念间可以遍十方世界的一切佛国土；

降甘露雨灭除一切烦恼，因此佛说此地名为法云地。

所示现的神通普遍于十方世界，超出人天世界的一切境界；

甚至要超过此数的无量亿万倍，用世间的智慧来思考必定要产生迷惘。

一举足这样分量的智慧、功德，甚至九地菩萨也不能了知；

更何况一般的众生，以及声闻和辟支佛。

此法云地菩萨供养佛，十方世界的一切国土都普遍无遗；

又还供养现前的一切圣众，圆满具足地庄严佛的功德。

再说一下住于此法云地的功德，具有三世法界的通达无碍的智慧；

众生界、国土界也同样如此，甚至具有一切佛的功德。

此法云地菩萨的智慧光明，能指示一切众生求取正法之路；

自在天王的光明能除世间的黑暗，法云地菩萨的光明灭除黑暗也是如此。

住于此法云地的菩萨多作三界之王，善能演说三乘佛法；

无量无数的三昧能于一念之中就得到，所看到的一切诸佛也是如此。

此法云地我如今已简略地说了，如果要广为宣说是说不尽的；

像这样十地的佛智，犹如十山王岿然而住，毫不动摇。

初地欢喜地中各种技艺之用不可穷尽，犹如雪山中集有一切众草药；

二地离垢地持戒、闻法和香山一样，三地发光地如鞞陀梨山开放美妙的华。

焰慧地的法宝无穷无尽，譬如神仙山居住着许多仁善的神仙；

第五难胜地具有的神通如干陀山，第六现前地如马耳山有众多的华果一样。

第七远行地的大智慧如尼民陀罗山，第八不动地心意自在犹如斫羯罗山；

第九善慧地集聚无碍之智如计都末底山，第十法云地具备众多福德如须弥山。

初地首次如愿、二地严持戒律、三地得殊胜功德、四地专一精进；

五地得微妙禅定、六地得甚深智慧、七地成就广大智慧、八地以无相智慧庄严一切。

九地思量十分微妙之义理，超过一切世间的道理；

十地受持一切佛法，这样的行愿之海无有尽竭之时。

十地修行超出世间，初地为始发心位，持戒是第二地，禅定是第三地；

修行净业是第四地，成就正智是第五地，由缘而生最胜之智是第六地，贯穿而起世间共不共胜进道是第七地。

第八地犹如置于金刚幢上毫不动摇，第九地观察众生如同稠密的森林；

第十地灌顶位能随顺王意而自由自在，像这样的德宝渐得清净。

十方世界的佛国土碎为微尘，也可于一念之中知其数量；

极其微细的毫末之物和无法计度的虚空都还可以知其数量，而经历亿劫的时间来说此法云地菩萨的功德也说不尽。

2　如来出现品第三十七之三

如来出现品[①]**第三十七之三**

佛子！菩萨摩诃萨应云何知如来应正等觉[②]境界？

佛子！菩萨摩诃萨以无障无碍智慧，知一切世间境界，是如来境界。知一切三世境界，一切刹境界，一切法境界，一切众生境界，真如无差别境界，法界无障碍境界，实际无边际境界[③]，虚空无分量境界[④]，无境界境界[⑤]，是如来境界。

佛子！如一切世间境界无量，如来境界亦无量。如一切三世境界无量，如来境界亦无量。乃至如无境界境界无量，如来境界亦无量。如无境界境界一切处无有，如来境界亦如是，一切处无有。

佛子！菩萨摩诃萨应知心境界[6]，是如来境界。如心境界无量无边，无缚无脱，如来境界，亦无量无边，无缚无脱。何以故？以如是如是思惟、分别，如是如是无量显现故。

佛子！如大龙王随心降雨，其雨不从内出，不从外出。如来境界，亦复如是，随于如是思惟、分别，则有如是无量显现，于十方中，悉无来处。

佛子！如大海水，皆从龙王心力所起。诸佛如来一切智海，亦复如是，皆从如来往昔大愿之所生起。

佛子！一切智海，无量无边，不可思议，不可言说。然我今者略说譬喻，汝应谛听。

佛子！此阎浮提有二千五百河流入大海；西拘耶尼[7]有五千河流入大海；东弗婆提[8]有七千五百河流入大海；北郁单越[9]有一万河流入大海。佛子！此四天下，如是二万五千河，相续不绝，流入大海。于意云何？此水多不？答言：甚多。

佛子！复有十光明龙王[10]雨大海中，水倍过前。百光明龙王雨大海中，水复倍前。大庄严龙王[11]、摩那斯龙王[12]、雷震龙王[13]、难陀、跋难陀[14]龙王、无量光明龙王[15]、连澍不断龙王[16]、大胜龙王[17]、大奋迅龙王[18]，如是等八十亿诸大龙王，各雨大海，皆悉展转倍过于前。娑竭罗龙王[19]太子，名阎浮幢[20]，雨大海中，水复倍前。

佛子！十光明龙王宫殿中水，流入大海，复倍过前。百光明龙王宫殿中水，流入大海，复倍过前。大庄严龙王、摩那斯龙王、雷震龙王、难陀、跋难陀龙王、无量光明龙王、连澍不断龙王、大胜龙王、大奋迅龙王，如是等八十亿诸大龙王，宫殿各别，其中有水，流入大海，皆悉展转倍过于前。娑竭罗龙王太子阎浮幢，宫殿中水，流入大海，复倍过前。

佛子！娑竭罗龙王，连雨大海，水复倍前。其娑竭罗龙王宫殿中水，涌出入海，复倍于前，其所出水，绀琉璃色㉑，涌出有时，是故大海，潮不失时。

佛子！如是大海，其水无量，众宝无量，众生无量，所依大地，亦复无量。

佛子！于汝意云何？彼大海为无量不？答言：实为无量，不可为喻。

佛子！此大海无量，于如来智海无量，百分不及一，千分不及一，乃至优波尼沙陀分不及其一。但随众生心，为作譬喻，而佛境界，非譬所及。

佛子！菩萨摩诃萨应知如来智海无量，从初发心，修一切菩萨行不断故。应知宝聚无量，一切菩提分法三宝种㉒不断故。应知所住众生无量，一切学无学㉓、声闻、独觉所受用故。应知住地无量，从初欢喜地乃至究竟无障碍地㉔，诸菩萨所居故。

佛子！菩萨摩诃萨为入无量智慧，利益一切众生故，于如来应正等觉境界，应如是知。

　　尔时，普贤菩萨摩诃萨欲重明此义，而说颂言：

　　如心境界无有量，诸佛境界亦复然；

　　如心境界从意㉕生，佛境如是应观察。

　　如龙不离于本处，以心威力澍大雨；

　　雨水虽无来去处，随龙心故悉充洽㉖。

　　十力牟尼㉗亦如是，无所从来无所去；

　　若有净心㉘则现身，量等法界入毛孔。

　　如海珍奇无有量，众生大地亦复然；

　　水性一味㉙等无别，于中生者各蒙利。

　　如来智海亦如是，一切所有皆无量；

　　有学无学住地人，悉在其中得饶益。

注释

　　①如来出现品：八十卷《华严经》中的第三十七品。此品广举十门性起以显现佛性，各门又分十门成为百门，以巧妙的比喻，阐明十身如来的性起圆融的大用。

　　②如来应正等觉：佛十号中之三大名号。"如来"，前已有解。"应"即应供，谓应受人天之供养者。"正等觉"，亦作正遍知，谓佛得无上之正智，是真正遍知一

切法。

③**实际无边际境界**："实际"，谓真实际极之意，亦即穷尽极致的真如之理体。此句意为真如理体无边无际的境界。

④**虚空无分量境界**：意为虚空无量可分的境界。

⑤**无境界境界**：意为没有任何境界可以捉摸的境界。

⑥**心境界**："心"，有多种解释，一般指精神作用，即佛教所说的眼识、耳识、鼻识、舌识、身识、意识、末那识和阿赖耶识八种识。这种精神作用的境界就是心境界。

⑦**西拘耶尼**：四大洲之一，亦称西瞿耶尼、西牛货洲，以牛为货币之交易方式而得名。

⑧**东弗婆提**：四大洲之一，亦称东毗提诃、东胜身洲，因其洲人身形特胜，故名。

⑨**北郁单越**：四大洲之一，亦称北俱卢洲。"郁单越"，意谓胜处，以其地胜于其他三洲而得名。

⑩**十光明龙王**：即放出十种大光明的龙王。

⑪**大庄严龙王**：龙王名，意为该龙王十分庄严。

⑫**摩那斯龙王**：龙王名，"摩那斯"，意译慈心、高意等。意为该龙王有威德，意高于其他龙王。

⑬**雷震龙王**：龙王名，意为该龙王行雨时雷声震天。

⑭**难陀、跋难陀**：二龙王名，"难陀"，意译欢喜，亦称大龙。"跋难陀"，意译善欢喜，亦称小龙。为摩竭

陀国之兄弟二龙王。

⑮**无量光明龙王**：龙王名，意谓该龙王具有无量光明，普照四方。

⑯**连澍不断龙王**：龙王名，意谓该龙王降雨连续不断。

⑰**大胜龙王**：龙王名，意谓该龙王比其他龙王都要胜过一筹。

⑱**大奋迅龙王**：龙王名，意谓该龙王勇猛奋迅，所向无敌。

⑲**娑竭罗龙王**：龙王名，"娑竭罗"，大海名。以所住之海而得名，称娑羯罗龙王。

⑳**阎浮幢**：娑竭罗龙王太子之名。

㉑**绀琉璃色**：谓青而含赤之琉璃色，非常好看。

㉒**菩提分法三宝种**："菩提分法"，有两种含义：一指三十七道品，亦称三十七菩提分法；二指三十七道品中的七觉分，即七菩提分。"三宝"，指佛、法、僧三宝。此句意谓菩提分法和三宝的种子。

㉓**学无学**：即有学与无学。研究真理而虽已觉知真理，但未断尽烦恼，叫作有学；真理已究竟，烦恼也已断尽，已无可修学，谓之无学。小乘以前三果为有学，阿罗汉果为无学；大乘以菩萨之十地为有学，佛果为无学。

㉔**究竟无障碍地**：即菩萨十地之第十法云地。菩萨住于此地，证究竟佛果已无任何障碍，故称究竟无障碍地。

㉕**意**：意谓"思量"。谓思想事物，相当于我们所讲的意识。

㉖**充洽**：即充满的意思。

㉗**十力牟尼**："牟尼"，有圣者、仙人、寂默者等意。此处则指佛。具有十力的佛，称十力牟尼。

㉘**净心**：指自性清净心。

㉙**水性一味**：谓大海水的本性都是一味的——咸味。

译文

佛子！大菩萨应该怎样来了知佛的境界呢？

佛子！大菩萨是以无障无碍的智慧，了知一切世间的境界就是如来的境界。了知一切过去、未来、现在三世的境界，一切佛国土的境界，一切诸法的境界，一切众生的境界，真如没有差别的境界，法界没有障碍的境界，实际没有边际的境界，虚空无有可分之量的境界，没有境界的境界，所有这些，亦就是如来的境界。

佛子！犹如一切世间的境界无尽其数一样，如来的境界亦无尽其数。犹如一切过去、未来、现在三世的境界无尽其数一样，如来的境界亦无尽其数。乃至犹如没有境界的境界无尽其数一样，如来的境界亦无尽其数。犹如没有境界的境界，一切时处都无所有，如来的境界也是这样，一切时处都无所有。

佛子！大菩萨应该了知，心的境界就是如来的境界。心的境界是无量无边的，无有系缚，也无有解脱，所以如来的境界，也是无量无边的，无有系缚，也无有解脱。为什么这样说？因为心的境界原来就是如此起思考、分别事物的作用，就是如此无尽其数的显现的。

佛子！犹如大龙王能随心所欲地降雨一样，这雨不是从龙王身内所出，也不是从龙王身外所出。如来的境界也是如此，随着原来如此的思考、分别作用，就有原来如此无尽其数的显现，在十方世界中，都没有来处。

佛子！犹如大海水一样，都是从龙王的心力所生起的。诸佛如来的一切智慧之海，也是如此，都是从如来过去所发的大愿而生起。

佛子！如来的一切智慧之海，无量无边，不可思议，本不可用言语讲说。但是，我如今用譬喻的方式大略地说一下，你应该仔细、认真地听。

佛子！我们这个阎浮提洲有二千五百条河流入大海；在西拘耶尼洲有五千条河流入大海；在东弗婆提洲有七千五百条河流入大海；在北郁单越洲有一万条河流入大

海。佛子！这四大洲有如此二万五千条河，滔滔不绝地流入大海。你认为怎么样呢？这水多不多呢？回答说：非常之多。

普贤菩萨继续说：佛子！还有放出十种大光明的龙王，降雨于大海之中，水量超过以前一倍。又有放出百种大光明的龙王，降雨于大海之中，水量又超过前面的一倍。又有大庄严龙王、摩那斯龙王、雷震龙王、难陀和跋难陀两兄弟龙王、无量光明龙王、连续下雨不断的龙王、大胜龙王、大奋迅龙王等，像这样有八十亿诸大龙王，各降雨于大海，水量全部都展转超过前面的一倍。又有娑竭罗龙王的太子，名叫阎浮幢，降雨于大海之中，水量又超过前面的一倍。

佛子！又有十光明龙王宫殿中的水流入大海，水量又超过前面的一倍。又有百光明龙王宫殿中的水流入大海，水量又超过前面的一倍。又有大庄严龙王、摩那斯龙王、雷震龙王、难陀和跋难陀兄弟两龙王、无量光明龙王、连澍不断龙王、大胜龙王、大奋迅龙王等共八十亿诸大龙王，其宫殿各不相同，全都有水流入大海，水量都展转超过前面的一倍。又有娑竭罗龙王太子阎浮幢宫殿中的水，也流入大海，水量又超过前面的一倍。

佛子！又有娑竭罗龙王连续降雨于大海，水量又超过前面的一倍。其宫殿中的水，也全部涌出入海，水量又超过前面的一倍。这些龙王及其宫殿所流出的水，都是青而带赤的琉璃色，非常好看。它涌出有一定的时间，所以大海的潮水从不失时。

佛子！这样的大海，其水无量，一切珠宝无量，所以众生也无量，众生所依止的大地也无量。

佛子！你认为怎样？那大海中的水是不是无量的呢？回答说：实在是无量的，简直不可了知。

普贤菩萨继续说：佛子！此大海水无量，比之于如来智慧之海的无量，乃是百分不及一分，千分不及一分，乃至极为微细分的许许多多大海水也不及如来智慧之海的一分。这里仅是随着众生心而用以作譬喻，而实际上佛的境界，并不是譬喻所能说明的。

佛子！大菩萨应该知道，如来的智慧之海是无量的，因为从初发心起，就修习一切菩萨行从不间断。应该知道，珍宝的积聚也是无量的，因为一切菩提分法和佛、法、僧三宝的种子从未断绝过。应该知道，所住的众生也是无量的，因为是一切有学、无学、声闻、独觉等所受用的。应该知道，住地也是无量的，因为从初地欢喜地起，乃至究竟无障碍地法云地，都是一切菩萨所居住的。

佛子！大菩萨为了进入无量智慧，利益一切众生，因此对于如来的境界应该这样来了知。

这时候，普贤大菩萨为了重新说明此种含义，乃说偈颂：

犹如心的境界没有数量可以计算一样，一切诸佛的境界也是如此；

如心的境界是从意识所生，佛的境界也应如此来观察。

犹如龙王不离于本处，以心的威力降大雨；

雨水虽无来处和去处，但却随龙王之心而能为所欲为，所以大海悉皆充满。

具有十力的释迦牟尼佛也是如此，无所从来亦无所去；

如果有了自性清净心就显现身形，其数量相等于一切法界人体的毛孔。

犹如大海中的珍奇宝贝无量数，众生所住的大地也是如此；

海水的本性都是同一种咸味而没有任何区别，生于其中者各自蒙得利益。

如来的智慧之海也是如此，一切所有都是无量的；

有学、无学等住地之人，都能在其中获得丰富的利益。

原典

佛子！菩萨摩诃萨应云何知如来应正等觉行？

佛子！菩萨摩诃萨应知无碍行①是如来行，应知真如行②是如来行。

佛子！如真如，前际③不生，后际④不动，现在不起。如来行亦如是，不生、不动、不起。

佛子！如法界非量非无量，无形故。如来行亦如是，非量非无量⑤，无形故。

佛子！譬如鸟飞虚空，经于百年，已经过处，未经过处，皆不可量。何以故？虚空界无边际故。如来行亦如是。假使有人经百千亿那由他劫，分别演说，已说未说，皆不可量。何以故？如来行无边际故。

佛子！如来应正等觉住无碍行，无有住处，而能普为一切众生示现所行，令其见已，出过一切诸障碍道⑥。

佛子！譬如金翅鸟王⑦，飞行虚空，回翔不去，以清净眼观察海内诸龙宫殿，奋勇猛力，以左右翅鼓扬海水，悉令两辟，知龙男女命将尽者，而搏取之。如来应正等觉金翅鸟王，亦复如是。住无碍行，以净佛眼观察法界诸宫殿中一切众生，若曾种善根已成熟者，如来奋勇猛十力，以止观两翅⑧，鼓扬生死大爱⑨水海，使其两辟，而撮取之，置佛法中，令断一切妄想戏论⑩，安住如来无分别⑪无碍行。

佛子！譬如日月，独无等侣，周行虚空，利益众生。不作是念，我从何来，而至何所。诸佛如来亦复如是。性本寂灭，无有分别，示现游行一切法界，为欲饶益诸众生故。作诸佛事，无有休息。不生如是戏论分别，我从彼来，而向彼去。

佛子！菩萨摩诃萨应以如是等无量方便，无量性相，知见如来应正等觉所行之行。尔时，普贤菩萨欲重明此义，而说颂言：

譬如真如不生灭，无有方所无能见；
大饶益者行如是，出过三世不可量。
法界非界非非界⑫，非是有量非无量；
大功德者⑬行亦然，非量无量无身⑭故。
如鸟飞行亿千岁，前后虚空等无别；
众劫演说如来行，已说未说不可量。
金翅⑮在空观大海，辟水搏取龙男女；
十力能拔善根人，令出有海⑯除众惑。
譬如日月游虚空，照临一切不分别；
世尊周行于法界，教化众生无动念。

注释

①**无碍行**：谓毫无阻碍的修行。

②**真如行**：谓修真如之行。

③**前际**：在有为法生起之前的一段时间，称为前际，亦即过去世。

④**后际**：指有为法生起之后的时间，即未来世。

⑤**非量非无量**：即既不是有数目可以衡量的，也不是没有数目可以衡量的。

⑥**障碍道**：谓障碍涅槃、障碍出离烦恼之道。

⑦**金翅鸟王**："金翅鸟"，八部众之一。因翅翮金色，故名金翅鸟。两翅广三百三十六万里，住于须弥山下层，常取龙为食。金翅鸟中之最胜者称金翅鸟王。

⑧**两翅**：原作"雨翅"，明显有误，今改。

⑨**大爱**：即大慈大悲之爱心。

⑩**戏论**：谓不合真理、毫无意义的言论。亦即不正确的言论。

⑪**无分别**：即无分别智。谓真正体会真如是离一切之相而不可分别之智。

⑫**法界非界非非界**：意谓真如是法界又不是法界，但也并非不是法界。

⑬**大功德者**：谓有大功德的人。即对大菩萨的美称。

⑭**非量无量无身**：意谓大菩萨不是有量，也不是无量，因为没有色身。

⑮**金翅**：即金翅鸟。

⑯**有海**："有"，指三有，即三界之生死。三界之生死犹如大海，谓之有海。

译文

佛子！大菩萨应该怎样来了知如来之行？

佛子！大菩萨应知一切无碍之行是如来行，应知修真如之行是如来行。

佛子！犹如真如，过去世不生，未来世不动，现在世不起。如来行也是如此，过去世不生，未来世不动，现在世不起。

佛子！犹如法界，既不是有数量，也不是无数量，因为它没有形体。如来行也是如此，既不是有数量，也不是无数量，因为如来行也是无形体的。

佛子！譬如鸟飞翔于虚空之中，经过一百年，已经飞过之处，尚未飞过之处，都不可衡量。为什么？因为虚空本来就是无边无际的。如来行也是如此。假如有人经过千百亿劫那么长的时间，分别进行演说，哪些已说，哪些未说，都不可衡量。为什么？因为如来行本来也是无边无际的。

佛子！如来住于无碍之行，无有所住之处所，但却普遍能为一切众生示现所修之行，令他们见后，能够越过一切障碍菩提涅槃之道。

佛子！譬如金翅鸟王，飞行于虚空之中，巡回翱翔而不去，以清净眼观察海内一切龙王宫殿，勇猛有力地用左右双翅鼓扬海水，使之向两边分开，了知龙男龙女中有命将尽者，搏而取之。如来金翅鸟王，也是如此。住于无碍之行，以清净佛眼观察法界诸宫殿中的一切众生，如果曾经种过善根，现在已经成熟者，如来就奋起勇猛的十力，以止观双翅，鼓扬起生死大慈大悲爱心之海水，使之向两边分开而摄取之，安置于佛法之中，使他们断灭一切妄想和不正确的言论，安住于如来无分别智的无碍之行。

佛子！譬如日月，没有相等的伴侣，周行虚空之中，利益众生。不作我从哪里来，到何处去的想法。诸佛如来也是如此。其本性是寂灭的，没有任何分别之心，但又示现于世，游行于一切法界，因为要饶益一切众生之故，所以广作佛事，无有休息之日。也不生起我从哪里来，又向哪里去的不正确之思维和分别。

佛子！大菩萨应该以这样的无量方法，无量的本性和相状，来了解如来所修之行。这时候，普贤菩萨为要重新阐明此义，而说偈颂：

譬如真如不生亦不灭，无有方所也不能看见；

给众生以巨大丰富利益的人修行就是如此，超越过去、未来、现在三世而不可以衡量。

真如法界不是法界又并非不是法界，不是有数量又并非没有数量；

具有大功德的人修行也是如此，不是有量，也不是无量，因为没有身形。

犹如鸟之飞行经过了千百亿岁，其前后、虚空都是相等的而没有区别；

经历一切诸劫进行演说的如来修行，已经说的，尚未说的都不可衡量。

譬如金翅鸟在虚空中观察大海，将大海水向两边分开搏取龙男龙女；

如来十力能超拔具有善根之人，使其出离三界生死之海灭除一切诸惑。

譬如日月遨游于虚空中，照临一切不作任何分别；

世尊周行于一切法界，教化众生没有丝毫动摇之念。

原典

佛子！诸菩萨摩诃萨应云何知如来应正等觉成正觉？

佛子！菩萨摩诃萨应知如来成正觉，于一切义，无所观察，于法平等，无所疑惑。无二无相^①，无行无止，无量无际，远离二边^②，住于中道。出过一切文字言说，知一切众生心念所行，根性^③欲乐^④，烦恼染习。举要言之，于一念中悉知三世一切诸法。

佛子！譬如大海，普能印现四天下中一切众生色身形像，是故共说以为大海。诸佛菩提亦复如是。普现一切众生心念、根性乐欲而无所现，是故说名诸佛菩提。

佛子！诸佛菩提一切文字所不能宣，一切音声所不能及，一切言语所不能说，但随所应方便开示。

佛子！如来应正等觉成正觉时，得一切众生量等身，得一切法量等身，得一切刹量等身，得一切三世量等身，得一切佛量等身，得一切语言量等身，得真如量等身，得法界量等身，得虚空界量等身，得无碍界量等身，得一切愿量等身，得一切行量等身，得寂灭涅槃界量等身。佛子！如所得身，言语及心，亦复如是。得如是等无量无数清净三轮^⑤。

佛子！如来成正觉时，于其身中，普见一切众生成正觉，乃至普见一切众生入涅槃，皆同一性。所谓无性，无何等性？所谓无相性，无尽性，无生性，无灭性，无我性，无非我性，无众生性，无非众生性，无菩提性，无法界性，无虚空性，亦复无有成正觉性。知一切法皆无性故，得一切智，大悲相续，救度众生。

佛子！譬如虚空，一切世界若成若坏，常无增减。何以故？虚空无生故。诸佛菩提亦复如是。若成正觉，不成正觉，亦无增减。何以故？菩提无相、无非相，无一、无种种⑥故。

佛子！假使有人能化作恒河沙等心，一一心复化作恒河沙等佛，皆无色、无形、无相。如是尽恒河沙等劫，无有休息。佛子！于汝意云何？彼人化心⑦，化作如来，凡有几何？

如来性起妙德菩萨⑧言：如我解于仁⑨所说义，化与不化，等无有别。云何问言凡有几何？

普贤菩萨言：善哉！善哉！佛子！如汝所说。设一切众生，于一念中悉成正觉，与不成正觉，等无有异。何以故？菩提无相故。若无有相，则无增无减。

佛子！菩萨摩诃萨应如是知，成等正觉，同于菩提，一相无相⑩。如来成正觉时，以一相方便，入善觉智三昧。入已，于一成正觉广大身现一切众生数等身，住于身中，如一成正觉广大身，一切成正觉广大身，悉亦如是。

佛子！如来有如是等无量成正觉门，是故应知如来所现身无有量。以无量故，说如来身为无量界，等众生界。

佛子！菩萨摩诃萨应知如来身，一毛孔中有一切众生数等诸佛身。何以故？如来成正觉身，究竟无生灭故。如一毛孔，遍法界一切毛孔，悉亦如是。当知无有少许处空无佛身。何以故？如来成正觉，无处不至故。随其所能，随其势力，于道场菩提树下，师子座上，以种种身成等正觉。

佛子！菩萨摩诃萨应知，自心念念常有佛成正觉。何以故？诸佛如来不离此心成正觉故。如自心，一切众生心，亦复如是。悉有如来成等正觉，广大周遍，无处不有，不离不断，无有休息，入不思议方便法门[11]。佛子！菩萨摩诃萨应如是知如来成正觉。

尔时，普贤菩萨摩诃萨欲重明此义，而说颂言：

正觉了知一切法，无二离二[12]悉平等；

自性清净如虚空，我与非我不分别。

如海印[13]现众生身，以此说其为大海；

菩提普印[14]诸心行，是故说名为正觉。

譬如世界有成败，而于虚空不增减；

一切诸佛出世间，菩提一相恒无相。

如人化心化作佛，化与不化性无异；

一切众生成菩提，成与不成无增减。

佛有三昧名善觉，菩提树下入此定；

放众生等无量光，开悟群品如莲敷[15]。

如三世劫刹众生，所有心念及根欲；

如是数等身皆现，是故正觉名无量。

注释

①**无二无相**：谓对于佛教的道理，应看作是唯一无二的，没有相状的。

②**二边**：一般指断、常两种边见。

③**根性**：指人的本性具有生起善业或恶业之能力。

④**欲乐**：即贪爱欢乐。

⑤**清净三轮**：即清净的身、口、意"三业"。

⑥**无一、无种种**：意谓无一相亦无许许多多相。

⑦**化心**：即变化此心的意思。

⑧**如来性起妙德菩萨**：即文殊师利菩萨。

⑨**仁**：即仁者，对菩萨的尊称。

⑩**一相无相**：谓真如实相之法，乃寂灭平等的，故称"一相"；但一相也不可得，故称"无相"。意谓寂灭之实相，本来就远离一切相，故称为一相无相。

⑪**不思议方便法门**：即不可思议、十分善巧的方便法门。

⑫**无二离二**："无二"和"离二"，含义相同，都是离两边的意思。指对一切现象都无分别，或超越各种

区别。

⑬**海印**：即海印三昧。"海印"是一种比喻。谓大海风止波静，水澄清时，森罗万象无不印现于海中；譬喻如来之智海，清净湛然，一切众生之心念、根欲皆印现于如来三昧智中。

⑭**普印**：即普遍印现。

⑮**莲敷**：谓犹如莲华普施。

译文

佛子！大菩萨应该怎样来了知如来如何修行成就正觉？

佛子！大菩萨应该知道如来之成就正觉，对于一切义理均无所观察，对于一切佛法都平等看待，没有任何疑惑。一切佛法的道理是唯一无二的，没有形没有相的；无所谓行动，无所谓停止；无量无边，远离断常两种边执，住于中道。超越一切文字言说，又能了知一切众生的心念、所行的根性、欲乐和烦恼、染习。举其大要来说，能于一念之中全部了知三世的一切诸法。

佛子！譬如大海，普遍能印现四大洲中一切众生的色身形像，因此大家共同说它是大海。一切诸佛证得的菩提也是如此，能普现一切众生的心念、根性乐欲，而一无所见，因此说为诸佛菩提。

佛子！诸佛所证得的菩提，是一切文字所不能表达的，一切声音所不能达到的，一切语言所不能说的，但却又随其所应之机方便开示。

佛子！如来成正觉时，得到与一切众生之量相等之身，得到与一切有为无为诸法之量相等之身，得到与一切佛刹国土之量相等之身，得到与一切过去、未来、现在三世之量相等之身，得到与一切诸佛之量相等之身，得到与一切语言之量相等之身，得到与真如之量相等之身，得到与法界之量相等之身，得到与虚空界之量相等之身，得到与无碍界之量相等之身，得到与一切大愿之量相等之身，得到与一切身、口、意造作之量相等之身，得到与寂灭涅槃境界之量相等之身。佛子！和所得到的身一样，语言及心意也是如此，能得这样的无量无数的清净身、口、意三业。

佛子！如来成就正觉时，在其身上，能普遍看到一切众生成正觉，乃至普遍看见一切众生入于涅槃，都是同一体性。所谓无性，是无什么性呢？就是所谓无形无相之性，无穷尽之性，无生起之性，无消灭之性，无人我主宰之性，无非人我主宰之性，无众生之性，无非众生之性，无菩提之性，无法界之性，无虚空之性，甚至也没有成正觉之性。了知了一切法皆无自性，就能得一切智，使大悲心相续不断，救度众生。

佛子！譬如虚空，一切世界的生成和破坏，都无增无减。为什么？因为虚空本来就是无生的。诸佛菩提也是如此，无论是成正觉，或没有成正觉，也都无增无减。为什么？因为菩提无有形没有相，也不是没有形没有相；没有一相，也没有种种形与相。

佛子！假使有人能化作像恒河中沙那样多的心，每一个心又化作像恒河沙那样多的佛，都无色、无形、无相。这样，历尽恒河沙那样多的劫时，也没有停止。佛子！你认为怎样？那个人变化此心，化作如来，究竟有多少呢？

文殊师利菩萨回答说：如果按照我对你仁者所说的道理来理解，化与不化，没有任何区别，怎么你会问起究竟有多少这样的问题呢？

普贤菩萨说：好极了！好极了！佛子！真如你所说的那样，如果一切众生，于一念之中都成就正觉，与没有成就正觉，并没有任何不同。为什么？因为菩提是没有形没有相的。没有形没有相，也就无增无减。

佛子！大菩萨应该这样来了解，成佛同于得菩提，无有一相可得。如来成正觉时，以平等不二之一相方便法门，入于善觉智三昧。进入以后，于一个成正觉的广大身，示现出和一切众生数相等之身，住于自身之中。

犹如一个成正觉广大身一样，一切成正觉的广大身也都是如此。

佛子！如来有这样的无数的成正觉门，因此应该知道如来所示现之身是没有数量的。因为没有数量，所以说如来身是无量界、等同于众生界。

佛子！大菩萨应当了知如来之身，在一毛孔中，有与一切众生数量相等的诸佛之身。为什么？因为如来成正觉之身，毕竟是没有生灭的。像一毛孔一样，法界中的一切毛孔，也全都是如此。应当知道，没有任何一处是空无佛身的。为什么？因为如来成正觉，是没有一处不到的。随其所有的能力，随其所有的势力，在道场的菩提树下，坐于师子座上，以种种之身成佛。

佛子！大菩萨应该了知，自心一念接着一念常有佛成正觉。为什么？因为一切诸佛从来不离此心而成正觉。犹如自心一念接着一念常有佛成正觉一样，一切众生心也是如此，都有如来成等正觉，广大普遍，无处不有，不离亦不断，没有停止的时候，进入不可思议的方便法门。佛子！大菩萨应该这样来理解如来成正觉。

这时候，普贤大菩萨为欲重新说明此种含义，乃说偈颂：

正觉，就是了知一切诸法都是平等不二、远离有无两边的；

一切法的自性本来清净无染，犹如虚空一样，没有我与非我的区别。

　　犹如大海能印现一切众生之身，由此说其名为大海；

　　菩提能普遍印现一切心行，因此说其名为正觉。

　　譬如世界有形成、有败坏，但对虚空来说既没有增加，也没有减少；

　　一切诸佛出现于世间，成就菩提都是平等一相、寂灭无相的。

　　譬如有人化心、化佛，化与不化，其本性是没有不同的；

　　一切众生成就菩提，成与不成，从其本性来说，既没有增加，也没有减少。

　　佛有三昧名为善觉，在菩提树下入此禅定；

　　为众生等放出无量光明，开悟一切众生犹如莲华普施。

　　犹如历三世劫时一切佛国土的众生，所有的心念及其根性、欲乐；

　　如此等等的一切身形均得以显现，因此正觉说为无量无边。

原典

　　佛子！菩萨摩诃萨应云何知如来应正等觉转法轮？

佛子！菩萨摩诃萨应如是知，如来以心自在力[①]，无起无转[②]，而转法轮，知一切法恒无起故。以三种转[③]，断所应断而转法轮，知一切法离边见故。离欲际非际[④]而转法轮，入一切法虚空际故。无有言说而转法轮，知一切法不可说故。究竟寂灭而转法轮，知一切法涅槃性故。以一切文字、一切言语而转法轮，如来音声无处不至故。知声如响[⑤]而转法轮，了于诸法真实性故。于一音中出一切音而转法轮，毕竟无主故。无遗无尽而转法轮，内外无着故。

佛子！譬如一切文字语言，尽未来劫说不可尽。佛转法轮亦复如是。一切文字，安立显示，无有休息，无有穷尽。

佛子！如来法轮悉入一切语言文字而无所住[⑥]。譬如书字，普入一切事、一切语、一切算数、一切世间出世间处而无所住。如来音声亦复如是。普入一切处、一切众生、一切法、一切业、一切报中，而无所住。一切众生种种语言，皆悉不离如来法轮。何以故？言音实相即法轮故。佛子！菩萨摩诃萨于如来转法轮，应如是知。

复次，佛子！菩萨摩诃萨欲知如来所转法轮，应知如来法轮所出生处。何等为如来法轮所出生处？佛子！如来随一切众生心行欲乐，无量差别，出若干音声而转法轮。

佛子！如来应正等觉有三昧，名究竟无碍无畏。入此三昧已，于成正觉，一一身、一一口，各出一切众生数等言音，一一音中众音具足，各各差别而转法轮，令一切众生皆生欢喜。能如是知转法轮者，当知此人则为随顺一切佛法。不如是知，则非随顺。

佛子！诸菩萨摩诃萨应如是知，佛转法轮，普入无量众生界故。

尔时，普贤菩萨摩诃萨欲重明此义，而说颂言：

如来法轮无所转，三世无起亦无得；
譬如文字无尽时，十力法轮亦如是。
如字普入而无至，正觉法轮亦复然；
入诸言音无所入，能令众生悉欢喜。
佛有三昧名究竟，入此定已乃说法；
一切众生无有边，普出其音令悟解。
一一音中复更演，无量言音各差别；
于世自在无分别，随其欲乐普使闻。
文字不从内外⑦出，亦不失坏无积聚；
而为众生转法轮，如是自在甚奇特。

注释

①**心自在力**："心自在"，谓如来心已远离一切障碍

束缚，通达无碍，心无牵挂而能自由自在。心自在之力用，即谓之心自在力。

②**无起无转**：即没有生起也没有转化。

③**三种转**：即三种转法轮，指佛陀三转四谛之法轮。三转，谓四谛各有：示相转（说此是苦谛、集谛、灭谛、道谛）、劝相转（说此苦谛应知，集谛应断，灭谛应证，道谛应修）、证相转（说苦谛已知，集谛已断，灭谛已证，道谛已修）。

④**欲际非际**：谓欲界中间、非欲界中间。即欲界、非欲界。

⑤**知声如响**：谓了知声非实有，和响一样，是随着言语声和击物声而起应和的，这是声触欺诳耳根所致。

⑥**无所住**：亦作无住。即无所住着。因法无自性，随缘而起，故称无所住。

⑦**内外**：此处之"内"，指内六根，即眼、耳、鼻、舌、身、意；"外"，指外六尘，即色、声、香、味、触、法。

译文

佛子！大菩萨应该怎样来了知如来转法轮？

佛子！大菩萨应该这样来了知。如来以心的自在之力，无起无转地转法轮，因为知道一切诸法是恒常没有起灭的。如来以三转四谛法轮，断灭其所应该断灭的一切，而转法轮，因为知道一切诸法是远离所有的边见的。如来远离欲界、非欲界而转法轮，因为知道入一切诸法都是虚空界的。如来以无言说而转法轮，因为知道一切诸法都是不可说的。如来以究竟寂灭而转法轮，因为知道一切诸法都是以涅槃为性的。如来以一切文字、语言而转法轮，因为知道如来的声音是无处不至的。如来以知声如响而转法轮，因为知道诸法实性都无实有。如来于一音中出一切音而转法轮，因为知道一切诸法都是没有主宰的。如来无遗无穷而转法轮，因为知道一切诸法都是无所执着的。

佛子！譬如一切语言、文字，历尽未来劫时也说不可尽，佛转法轮也是如此。一切文字用以表示，连续不断，无穷无尽。

佛子！如来法轮均入一切语言、文字而无所住着。譬如写字，能普遍用于一切事情、一切语言、一切算数、一切世间、出世间的一切处，均无所住着。如来的声音也是如此，能普遍进入一切处、一切众生、一切法、一切业用、一切果报之中，而无所住着。一切众生的各种各样语言，都全部离不开如来的法轮。为什么？因为言语、声音的实相，就是法轮。佛子！大菩萨对于如来转法轮，应该作这样的理解。

其次，佛子！大菩萨如要了知如来所转法轮，还应该知道如来法轮所出生之处。什么是如来法轮的出生之处呢？佛子！如来随着一切众生的心行、欲乐的种种不同，生出若干声音而转法轮。

佛子！如来有一种三昧，名叫究竟无碍无畏。入此三昧以后，在成正觉时，每一个身体，每一个口中，各化出一切众生，发出种种语言、声音，在每一个声音中，一切声音都圆满具足，以各种各样的不同声音而转法轮，使一切众生皆生起欢喜之心。如果能这样来了解转法轮者，就知道此人能随顺一切佛法。如果不是这样来了解转法轮者，就不是随顺一切佛法。

佛子！大菩萨应该像这样来理解佛转法轮，只有这样，才能普遍进入无量的众生界。

这时候，普贤大菩萨为了要重新阐明此中道理，而说偈颂：

如来法轮本来是无所可转的，因为过去、未来、现在三世无有生起，也无有所得；

譬如文字等没有穷尽之时，如来十力法轮也是如此。

犹如文字普入一切而毕竟无所至，成正觉的法轮也是如此；

普入一切语言、声音而毕竟一无所入，能使一切众生都生起欢喜之心。

佛有三昧名究竟三昧，入此定后方才说法；

一切众生无量无边，普遍发出的声音令一切众生都
得到悟解。

每一种声音中又发出声音，无数的言语声音各有
不同；

对于世间出世间都毫无分别，随众生的欲乐普遍地
使他们都听到。

文字不从内出也不从外出，既不失散也没有任何
积聚；

但能为一切众生转法轮，如此自由自在，确实非常
奇特。

原典

佛子！菩萨摩诃萨应云何知如来应正等觉般涅槃？

佛子！菩萨摩诃萨欲知如来大涅槃者，当须了知根
本自性①。如真如涅槃②，如来涅槃亦如是。如实际③涅
槃，如来涅槃亦如是。如法界④涅槃，如来涅槃亦如是。
如虚空⑤涅槃，如来涅槃亦如是。如法性涅槃，如来涅槃
亦如是。如离欲际⑥涅槃，如来涅槃亦如是。如无相际⑦
涅槃，如来涅槃亦如是。如我性际⑧涅槃，如来涅槃亦如

是。如一切法性际⑨涅槃，如来涅槃亦如是。如真如际⑩涅槃，如来涅槃亦如是。何以故？涅槃无生无出故。若法无生无出，则无有灭。

佛子！如来不为菩萨说诸如来究竟涅槃，亦不为彼示现其事。何以故？为欲令见一切如来常住其前，于一念中见过去未来一切诸佛，色相⑪圆满，皆如现在，亦不起二不二想。何以故？菩萨摩诃萨永离一切诸想着故。

佛子！诸佛如来为令众生生欣乐故，出现于世。欲令众生生恋慕故，示现涅槃。而实如来无有出世⑫，亦无涅槃。何以故？如来常住清净法界，随众生心示现涅槃。

佛子！譬如日出，普照世间，于一切净水器中，影无不现，普遍众处而无来往。或一器破，便不现影。

佛子！于汝意云何？彼影不现，为日咎不？

答言：不也。但由器坏，非日有咎。

佛子！如来智日亦复如是。普现法界，无前无后，一切众生净心器中，佛无不现。心器常净，常见佛身。若心浊器破，则不得见。

佛子！若有众生应以涅槃而得度者，如来则为示现涅槃，而实如来无生无没，无有灭度。

佛子！譬如火大，于一切世间能为火事。或时一处其火息灭，于意云何？岂一切世间火皆灭耶？

答言：不也。

佛子！如来应正等觉亦复如是。于一切世间施作佛事，或于一世界能事已毕，示入涅槃，岂一切世界，诸佛如来悉皆灭度？

佛子！菩萨摩诃萨应如是知，如来应正等觉大般涅槃。

复次，佛子！譬如幻师，善明幻术，以幻术力，于三千大千世界，一切国土城邑聚落，示现幻身。以幻力持，经劫而住，然于余处幻事已讫，隐身不现。

佛子！于汝意云何？彼大幻师岂于一处隐身不现，便一切处皆隐灭耶？

答言：不也。

佛子！如来应正等觉亦复如是。善知无量智慧方便，种种幻术，于一切法界，普现其身，持令常住，尽未来际。或于一处随众生心，所作事讫，示现涅槃。岂以一处示入涅槃，便谓一切悉皆灭度？

佛子！菩萨摩诃萨应如是知，如来应正等觉大般涅槃。

复次，佛子！如来应正等觉示涅槃时，入不动三昧⑬。入此三昧已，于一一身各放无量百千亿那由他大光明。一一光明，各出阿僧祇莲华。一一莲华，各有不可说妙宝华蕊⑭。一一华蕊，有师子座。一一座上，皆有如来结跏趺坐⑮。其佛身数，正与一切众生数等，皆具上妙功德庄严，从本愿力之所生起。若有众生善根熟者，见佛身已，则皆受化。然彼佛身尽未来际，究竟安住，随宜化度一切众生，未曾失时。

佛子！如来身者，无有方处⑯，非实非虚，但以诸佛本誓愿力，众生堪度，则便出现。菩萨摩诃萨应如是知，如来应正等觉大般涅槃。

佛子！如来住于无量无碍究竟法界、虚空界。真如法性，无生无灭，及以实际，为诸众生随时示现。本愿持故⑰，无有休息，不舍一切众生、一切刹、一切法。

尔时，普贤菩萨摩诃萨欲重明此义，而说颂言：

如日舒光⑱照法界，器坏水漏影随灭；

最胜智日亦如是，众生无信见涅槃。

如火世间作火事，于一城邑或时息；

人中最胜遍法界，化事讫处示终尽。

幻师现身一切刹，能事⑲毕处则便谢；

如来化讫亦复然，于余国土常见佛。

佛有三昧名不动，化众生讫入此定；

一念身放无量光，光出莲华华有佛。

佛身无数等法界，有福众生所能见；

如是无数一一身，寿命庄严皆具足。

如无生性⑳佛出兴，如无灭性㉑佛涅槃；

言辞譬喻悉皆断，一切义成㉒无与等。

注释

①**根本自性**：即事物本来的性质。

②**真如涅槃**："真如"之"真"，谓真实不虚之意；"如"，谓如常不变之意。亦作如如、如实、实际、法界、法性、实相、如来藏、法身、佛性等。指遍布于宇宙中真实之本体，为一切万有之根源。"真如涅槃"，即真如寂灭的意思。

③**实际**：真如之别名。为极真如之实理，至于其穷极，故名实际。

④**法界**：真如之别名。谓诸法各有自体，但分界不同，故名法界。

⑤**虚空**："虚"与"空"，均为无之别名。虚无形质，空无障碍，谓之虚空。

⑥**离欲际**：即远离贪欲、淫欲之际。

⑦**无相际**：即无有相状之际。

⑧**我性际**：即我的自性之际。

⑨**一切法性际**：即一切法自性之际。

⑩**真如际**：即真如之际。

⑪**色相**：即色身之相貌。它表现于外，可为人见。

⑫**出世**：即出现于世。

⑬**不动三昧**：谓正观法相，处于心不动摇状态之禅定。

⑭**妙宝华苞**：即用美妙的珍宝装饰起来的花苞。

⑮**结跏趺坐**：为坐法之一。即将双膝弯曲，两足掌向上放在两腿上而坐。

⑯**方处**：即方位、处所。

⑰**本愿持故**：意为佛由于持有本誓愿力的缘故。

⑱**如日舒光**：意为如太阳一样放出光明。

⑲**能事**：即能做的事。

⑳**无生性**：亦作"生无性""生无自性"。意为一切法均依众缘和合而生，实无自性，故称无生性。

㉑**无灭性**：意为一切法均由众缘离散而灭，实无自性，故称无灭性。

㉒**一切义成**：又称一切义成就。为悉达多太子之译名。亦作为如来的一种名号。

译文

佛子！大菩萨应该怎样来了知如来大般涅槃？

佛子！大菩萨如果要了知如来大般涅槃的话，必须要了知一切法的根本自性。犹如真如涅槃，如来涅槃也是如此。犹如实际涅槃，如来涅槃也是如此。犹如法界涅槃，如来涅槃也是如此。犹如虚空涅槃，如来涅槃也是如此。犹如法性涅槃，如来涅槃也是如此。犹如离贪欲、淫欲之际的涅槃，如来涅槃也是如此。犹如无相之际的涅槃，如来涅槃也是如此。犹如自性之际的涅槃，如来涅槃也是如此。犹如一切法性之际的涅槃，如来涅槃也是如此。犹如真如之际的涅槃，如来涅槃也是如此。为什么？因为涅槃是没有生起，也没有出离的。犹如一切法没有生起，没有出离，也就没有消灭。

佛子！如来不为菩萨说诸如来的究竟涅槃，也不为他们示现究竟涅槃之事。为什么？为的是要使诸菩萨看见一切如来常住于他们的面前，于一念之中，能见到过去、未来一切诸佛的色相圆满无缺，都和现在一样，也不起二想和不二之想。为什么？因为大菩萨永离一切诸想的执着。

佛子！诸佛如来为了使众生生起欢乐，才出现于世间；为了使众生生起恋慕，才示现涅槃。而实际上如来是没有出世，也没有涅槃的。为什么？因为如来常住于清净法界，随顺众生心才示现涅槃。

佛子！譬如日出普遍照耀世界，在一切净水器中，其日影无不显现，普遍于许多处而无来往。假如有一净水器坏了，便不显现日影。

佛子！你认为怎样？那日影不示现，是日之罪责吗？

回答说：不是的，是由于净水器坏了，非日之罪责。

佛子！如来智慧之日，也是如此。它普现于法界，无前无后，在一切众生的净心器中，佛无不示现。如果心器经常清净，就能常见佛身。如果心浊器破，就不能见到佛身。

佛子！如果有众生应以涅槃而得度的，如来就为之示现涅槃，而实际上如来是无生无没，无有灭度的。

佛子！譬如火大，对于一切世间都能生起火来。或者在某一时刻于一处其火熄灭了，对此应怎样看呢？难道能说一切世间的火都熄灭了吗？

回答说：不能。

佛子！如来也是如此，于一切世界施作佛事，或者于某一世界所能作的佛事已经完毕，示现入于般涅槃，难道能说一切世界的诸佛如来全部都灭度了吗？

佛子！大菩萨应该这样来理解如来的大般涅槃。

其次，佛子！譬如魔术师，善于幻变之术，以其幻术之力，于三千大千世界的一切国土，所有城市、村庄，都示现变幻之身。由于持有幻变之力，经历劫时而住，然而在其他地方所作幻事已完了，就隐身不现。

佛子！你认为怎样？那位大魔术师难道在一处隐身不现，就在一切地方都隐身消灭吗？

回答说：不是的。

佛子！如来也是如此，他善于了知无量的智慧方便之门，了知种种幻化之术，于一切法界中，普遍示现其身，使之永久常住，直至未来的尽头。或者在一处随顺众生心，所作教化众生之事已完，就示现涅槃。难道因为在一个地方示现入于涅槃，便说一切地方的佛都灭度了吗？

　　佛子！大菩萨应该这样来理解如来的大般涅槃。

　　其次，佛子！如来示现大般涅槃时，入于不动三昧。入此不动三昧以后，于每一个身体各自放出无数的大光明。又于每一个光明之中，各映出无数的莲华。在每一朵莲华上，各有不可以用言语讲说的妙宝华苞。每一朵华苞上有师子座，每一个师子座上，都有如来结跏趺坐，其佛身的数量，正好与一切众生的数量相等。每一个佛身均具有上妙的功德庄严，都是从其根本的愿力所生起。如果有众生善根已经成熟的，见到佛身以后，就都接受佛的教化。然而，那佛身直至遥远的未来，最终安住不动，随顺机宜化度一切众生，不失时机。

　　佛子！如来之身，没有固定的方位、处所安住，非实又非虚，仅以诸佛本来具有的誓愿之力，看到众生可以救度，就随时出现。大菩萨应这样来理解如来的大般涅槃。

　　佛子！如来安住于无数的无碍究竟法界、虚空界，示现真如的法性，无生无灭，亦称实际。能为一切众生随时随地示现，是由持有本誓愿力之故，因而永不停止地不舍一切众生、不舍一切佛刹国土、不舍一切法。

这时候，普贤大菩萨为要重新阐明此中义理，即说偈颂：

如日放出大光明普照法界，净水器坏，水漏掉。因此日影亦随之而消灭；

如来的最胜智慧之日也是如此，众生无有信仰之心就见到佛入涅槃。

如火大能在一切世间生起火来，但在某一城市、乡村有时会熄灭；

如来是人中最胜，普遍于一切法界，但在教化众生之事完了的地方，就会示现般涅槃。

如魔术师能现幻化之身于一切佛刹国土，但当他所作幻化之事完毕后，其幻化之身就隐而不见；

如来教化众生之事完毕后也是如此，会示现涅槃，但在其他国土上则仍然经常可以看到佛。

佛有三昧名为不动三昧，教化众生完毕以后就入此定；

在一念之中佛身放出无量大光明，每一光明映出莲华，每一莲华中都有佛。

佛身无数，等同于一切法界，有福德的众生都能够看见；

　　像这样无数的一个一个佛身，寿命、相好庄严都圆满具足。

　　佛之出兴于世，犹如一切法均依众缘和合而生，实无自性，佛之涅槃，犹如一切法均众缘离散而灭，实无自性；

　　言辞、譬喻全都已经断灭，如来确实无与伦比。

原典

　　佛子！菩萨摩诃萨应云何知于如来应正等觉见闻亲近所种善根？

　　佛子！菩萨摩诃萨应知，于如来所见闻亲近所种善根，皆悉不虚。出生无尽觉慧故，离于一切障难故，决定至于究竟故，无有虚诳故，一切愿满故，不尽有为行①故，随顺无为智②故，生诸佛智故，尽未来际故，成一切种胜行③故，到无功用智地④故。

　　佛子！譬如丈夫食少金刚⑤，终竟不消，要穿其身，出在于外。何以故？金刚不与肉身杂秽⑥而同止故。于如来所，种少善根，亦复如是。要穿一切有为诸行烦恼身过，到于无为究竟智⑦处。何以故？此少善根，不与有为诸行烦恼而共住故。

佛子！假使干草积同须弥，投火于中，如芥子许，必皆烧尽。何以故？火能烧故。于如来所，种少善根，亦复如是。必能烧尽一切烦恼，究竟得于无余涅槃⑧。何以故？此少善根，性究竟⑨故。

佛子！譬如雪山有药王树，名曰善见。若有见者，眼得清净。若有闻者，耳得清净。若有嗅者，鼻得清净。若有尝者，舌得清净。若有触者，身得清净。若有众生，取彼地土，亦能为作除病利益。

佛子！如来应正等觉无上药王，亦复如是，能作一切饶益众生。若有得见如来色身，眼得清净。若有得闻如来名号，耳得清净。若有得嗅如来戒香⑩，鼻得清净。若有得尝如来法味⑪，舌得清净，具广长舌，解语言法。若有得触如来光者，身得清净，究竟获得无上法身。若于如来生忆念者，则得念佛三昧⑫清净。若有众生供养如来，所经土地及塔庙⑬者，亦具善根。灭除一切诸烦恼患，得贤圣⑭乐。

佛子！我今告汝，设有众生见闻于佛，业障缠覆，不生信乐，亦种善根，无空过者，乃至究竟入于涅槃。

佛子！菩萨摩诃萨应如是知于如来所，见闻亲近，所种善根，悉离一切诸不善法，具足善法。

佛子！如来以一切譬喻，说种种事，无有譬喻能说此法。何以故？心智路绝不思议⑮故。诸佛菩萨但随众生心，令其欢喜，为说譬喻，非是究竟。佛子！此法门名为如来秘密之处，名一切世间所不能知，名入如来印⑯，名开大智门，名示现如来种性⑰，名成就一切菩萨，名一切世间所不能坏，名一向随顺如来境界，名能净一切诸众生界，名演说如来根本实性不思议究竟法。

佛子！此法门，如来不为余众生说，唯为趣向大乘菩萨说，唯为乘不思议乘⑱菩萨说。此法门不入一切余众生手，唯除诸菩萨摩诃萨。

佛子！譬如转轮圣王所有七宝⑲。因此宝故，显示轮王，此宝不入余众生手，唯除第一夫人所生太子，具足成就圣王相者。若转轮王无此太子具众德者，王命终后，此诸宝等，于七日中悉皆散灭。

佛子！此经珍宝，亦复如是。不入一切余众生手，唯除如来法王真子。生如来家，种如来相，诸善根者。

佛子！若无此等佛之真子，如是法门不久散灭。何以故？一切二乘不闻此经，何况受持、读诵、书写、分别解说？唯诸菩萨乃能如是。是故菩萨摩诃萨闻此法门，应大欢喜，以尊重心恭敬顶受⑳。何以故？菩萨摩诃萨信乐此经，疾得阿耨多罗三藐三菩提㉑故。

佛子！设有菩萨于无量百千亿那由他劫，行六波罗蜜㉒，修习种种菩提分法，若未闻此如来不思议大威德法门，或时闻已，不信不解，不顺不入，不得名为真实菩萨，以不能生如来家故。若得闻此如来无量不可思议、无障无碍智慧法门，闻已信解，随顺悟入，当知此人生如来家，随顺一切如来境界，具足一切诸菩萨法，安住一切种智境界，远离一切诸世间法。出生一切如来所行，通达一切菩萨法性。于佛自在，心无疑惑，住无师法㉓，深入如来无碍境界。

佛子！菩萨摩诃萨闻此法已，则能以平等智知无量法，则能以正直心㉔离诸分别，则能以胜欲乐现见诸佛，则能以作意力㉕入平等虚空界，则能以自在念行无边法界，则能以智慧力具一切功德，则能以自然智㉖离一切世间垢㉗，则能以菩提心入一切十方网㉘，则能以大观察知三世诸佛同一体性，则能以善根回向智㉙，普入如是法。不入而入，不于一法而有攀缘㉚，恒以一法观一切法。

佛子！菩萨摩诃萨成就如是功德，少作功力，得无师自然智。

尔时，普贤菩萨欲重明此义，而说颂言：

见闻供养诸如来，所得功德不可量；

于有为中终不尽，要灭烦恼离众苦。

譬人吞服少金刚，终竟不消要当出；

供养十方诸功德，灭惑必至金刚智㉛。

如干草积㉜等须弥，投芥子火悉烧尽；

供养诸佛少功德，必断烦恼至涅槃。

雪山有药名善见，见闻嗅㉝触消众疾；

若有见闻于十力，得胜功德到佛智。

注释

①**不尽有为行**："有为"，亦称有为法。指有造作之法，亦即因缘所生之一切事物。无有穷尽的修一切有为法之行，称为不尽有为行。

②**无为智**：即由无因缘造作之无为法而所得之智慧。

③**一切种胜行**：即一切种智的殊胜之行。

④**无功用智地**：谓菩萨十地中，八地以上之菩萨，无须再借加功用行，自然能得无功用智，即称为无功用智地。

⑤**金刚**：谓金中之精，即世间所称之金刚石。

⑥**肉身杂秽**：指人体五脏等不净之秽物。

⑦**无为究竟智**：即最究竟圆满的无为智。

⑧**无余涅槃**：两种涅槃之一。亦作无余依涅槃。谓灰身灭智，即烦恼与肉身完全灭尽之状态。

⑨**性究竟**："性"指事物不变的本性。此处亦指佛性。佛性究竟圆满，称为性究竟。

⑩**戒香**：譬喻之辞。谓戒德熏于四方，犹如香一样。

⑪**法味**：即妙法之滋味。谓咀嚼妙法，能心生快乐，

故称法味。

⑫**念佛三昧**：谓一心称名念佛时，念到一心不乱的境界，即谓之得念佛三昧。

⑬**塔庙**：即寺庙。

⑭**贤圣**：相当于儒家所说之圣贤。佛教将在凡夫之位的修行者称为"贤"，对已经发无漏智，证理断惑，并舍凡夫之性者称为"圣"。

⑮**心智路绝不思议**：谓泯绝心性和智慧，不可思议。

⑯**如来印**："印"即认可、印可之义。得如来印可，谓之如来印。

⑰**如来种性**：亦称佛种性，以区别于声闻种性、缘觉种性和菩萨种性。谓成佛之因，即成佛之可能性。亦可理解为佛陀之本性。

⑱**不思议乘**：即佛乘。指必将成佛之菩萨。

⑲**七宝**：指金、银、琉璃、珊瑚、琥珀、砗磲、玛瑙。

⑳**顶受**：即顶戴受持。

㉑**阿耨多罗三藐三菩提**：佛智名。即无上正等正觉，也就是真正平等觉知一切真理之无上智慧。

㉒**六波罗蜜**：亦作六度。即檀波罗蜜（布施度）、尸罗波罗蜜（持戒度）、羼提波罗蜜（忍辱度）、毗离耶波罗蜜（精进度）、禅那波罗蜜（禅定度）、般若波罗蜜

（智慧度）。菩萨修此六法，究竟圆满自利利他之大行，能到达涅槃之彼岸，故名六波罗蜜。

㉓**无师法**：谓无师独悟之法。

㉔**正直心**：谓远离邪曲的方正质直之心。

㉕**作意力**："作意"，谓突然警觉而将心趣向某处的一种精神作用。这种作用之力，称为作意力。

㉖**自然智**：即无功用智。谓不借功用，自然而生之佛的一切种智。

㉗**世间垢**：即世间的一切烦恼。

㉘**十方网**：即十方世界的大网，形容十方世界之广阔无际。

㉙**以善根回向智**：即以自己所修之善根功德，回向开智慧。意即修善根即能得智慧。

㉚**攀缘**：即攀取、缘虑之意。指心执着于某一对象之作用。

㉛**金刚智**：谓犹如金刚一样坚固的智慧，亦即佛的智慧。

㉜**积**：原作"蕝"，今依日本《大正藏》本改。即积聚的意思。

㉝**嗅**：即用鼻子辨别气味。

译文

佛子！大菩萨应该怎样来了知于如来处见闻亲近所种下的善根？

佛子！大菩萨应该知道，于如来处见闻亲近所种下的善根都是真实不虚的。它能生出无尽的觉悟智慧，远离一切障碍和苦难，一定到达究竟之地，没有虚伪和欺诳，一切愿望都圆满成就，无穷尽的修有为法之行，随顺无为法的智慧，生起一切佛智，直至遥远的未来；成就一切种智的殊胜之行，到达无功用的智慧之地。

佛子！譬如勇健之人，虽食用很少的金刚石，终究不能消化，必须穿过其身，排出于体外。为什么？因为金刚石不能与肉体的五脏等杂秽之物共止于一处。在如来处所种的少数善根，也是如此。要穿过一切有为法的诸行烦恼之身，才能到达无为法的究竟智之处。为什么？因为此少数善根，不与有为法的诸行烦恼共住于一处。

佛子！假使有干草堆积起来像须弥山一样高，只须投下像芥子那么小的火种，一定将干草全部烧尽。为什么？因为火能燃烧。在如来处所种下的少数善根，也是如此，一定能烧尽一切烦恼，最终得到无余涅槃。为什么？因为此少数善根，本性是能达到究竟之地的。

佛子！譬如雪山上，有药树王，名叫善见。如果有人看见，眼睛就得到清净；如果有人听到，耳朵就得到清净；如果有人嗅到，鼻子就得到清净；如果有人尝到，舌头就得到清净；如果有人触及，身体就得到清净；如果有众生取该地一块泥土，亦能作为除病之良药而得到利益。

佛子！如来是无上药王，也是如此，能做一切饶益众生之事。如果有人得见如来之色身，眼睛就得到清净；如果有人得闻如来之名号，耳朵就得到清净；如果有人得嗅如来之戒香，鼻子就得到清净；如果有人尝得如来之法味，舌头就得到清净，具有广长舌相，理解一切语言之法；如果有人触及如来之大光明，身体就得到清净，能最终获得无上法身。如果对于如来能生忆念之想者，就能得念佛三昧清净；如果有众生供养如来以及所经历的土地及塔庙，也能具有善根，灭除一切烦恼之过患，获得圣贤之欢乐。

佛子！我现在告诉你，即使有众生，见到如来之色身，闻得如来之名号，由于业障缠覆，不能生起信乐，亦能种下善根，没有空过的，直至最终入于涅槃。

佛子！大菩萨应该这样来了知于如来之处见闻亲近所种下的善根，能完全远离一切不善之法，圆满具足善法。

佛子！如来虽能用一切譬喻来说种种事情，但其实却没有一种譬喻能够宣说此法。为什么？因为此法能泯绝心性和智慧，不可思议。一切诸佛菩萨，但随众生心意，使其生起欢喜而说譬喻，并不是最终究竟之法。佛子！这个法门名为如来秘密之处的法门，名为一切世间所不能知，名为得如来之印可，名为开大智慧门，名为示现如来种性，名为成就一切菩萨，名为一切世间所不能坏，名为一向随顺如来境界，名为能清净一切诸众生界，名为演说如来根本实性、不可思议的究竟之法。

佛子！这一法门，如来不为其他的众生演说，专为有趣向大乘的菩萨而说，专为即将成佛的菩萨而说。这一法门，不入其他一切众生之手，只有大菩萨除外。

佛子！譬如转轮圣王所有的七宝，因为有此七宝，才显示出他是转轮圣王。因此此七宝不入其他众生之手，只有轮王的第一夫人所生的太子，具有成就转轮圣王之形相者除外。如果转轮圣王没有这样的太子、具有众德者，转轮圣王命终之后，此七宝等即于七日之内，全部散灭。

佛子！此《华严经》珍宝，也是如此，不入其他一切众生之手，除非是如来法王之真子，降生于如来之家，具有如来之形与相，种下诸善根者。

佛子！如果没有这样的佛之真子，如来的这一法门，不久即将散灭。为什么？因为一切声闻、缘觉二乘不听闻此经，更不用说受持、读诵、书写、分别解说了。只有一切菩萨才能如此。因此，大菩萨闻此法门，应该生大欢喜，以尊重之心恭敬顶礼而受。为什么？因为大菩萨信乐此经后，就能很快得到阿耨多罗三藐三菩提。

佛子！即使有菩萨于无量劫时修行六波罗蜜，修习种种菩提分法，如果没有闻听此如来不可思议的大威德法门，或有时听了以后不信仰、不理解、不随顺、不进入，就不得名之为真实菩萨，因为不能生于如来之家。如果能够闻听此如来无量的不可思议、无障无碍的智慧法门，听了以后能够信仰、理解，从而随顺悟入，就可知道此人能生于如来之家，随顺一切如来的境界，圆满具足一切菩萨之法，安住于一切种智的境界，远离一切诸世间法，出生一切如来之所行，通达一切菩萨的法性。对于佛能自由自在，心无疑惑，住于无师独悟之法，深入如来的无碍境界。

佛子！大菩萨听闻此法以后，就能以平等智了知无量的一切诸法，就能以正直心远离一切虚妄分别，就能以最胜的欲乐现见一切诸佛，就能以作意力进入平等的虚空界，就能以自由自在之念行于无边无际的法界，就能以智慧力具备一切功德，就能以自然智远离一切世间的烦恼，就能以菩提心进入一切十方之金刚网，就能以

大观察了知三世诸佛是同一体性，就能以善根回向智普
入如是之法，不入而入，不于一法而有攀缘之想，经常
以一法观察一切法。

佛子！大菩萨成就如此的功德，作很少的功力，就
能得无师独悟的自然智。

这时候，普贤菩萨为欲重新阐明此义理，即说偈颂：

见闻供养一切如来，所得的功德不可以衡量；

在有为法中经历了无穷无尽的劫时，要灭除烦恼远
离众苦。

譬如有人吞服了少量的金刚石，最终毕竟不能消化
要排出体外；

供养十方诸佛的一切功德，灭除烦恼必然到达获得
佛的金刚智。

如干草堆积起来等于须弥山一样高，只要投入像芥
子一样大小的火种就全部都可以烧尽；

供养诸佛少量所得的功德，必定断灭烦恼直至般
涅槃。

雪山有药名为善见，见、闻、嗅、触都能消除众生
之疾病；

如果有人见闻于十力、无畏之佛，就能得最胜之功
德直至佛的智慧。

原典

尔时，佛神力故，法如是故，十方各有十不可说百千亿那由他世界，六种震动，所谓东涌西没①，西涌东没，南涌北没，北涌南没，边涌中没，中涌边没。十八相动，所谓动、遍动、等遍动，起、遍起、等遍起，涌、遍涌、等遍涌，震、遍震、等遍震，吼、遍吼、等遍吼，击、遍击、等遍击。雨出过诸天一切华云②、一切盖云③、幢云④、幡云⑤、香云⑥、鬘云⑦、涂香云⑧、庄严具云⑨、大光明摩尼宝云⑩、诸菩萨赞叹云、不可说菩萨各差别身云、雨成正觉云、严净不思议世界云⑪，雨如来言语音声云⑫，充满无边法界。如此四天下，如来神力如是示现，令诸菩萨皆大欢喜。周遍十方一切世界，悉亦如是。

是时十方各过八十不可说百千亿那由他佛刹微尘数世界⑬外，各有八十不可说百千亿那由他佛刹微尘数如来，同名普贤，皆现其前，而作是言：善哉！佛子！乃能承佛威力，随顺法性，演说如来出现不思议法。佛子！我等十方八十不可说百千亿那由他佛刹微尘数同名诸佛，皆说此法。如我所说，十方世界一切诸佛亦如是说。

佛子！今此会中，十万佛刹微尘数菩萨摩诃萨，得一切菩萨神通三昧⑭，我等皆与授记⑮，一生当得阿耨多罗三藐三菩提。佛刹微尘数众生，发阿耨多罗三藐三菩提心，我等亦与授记，于当来世⑯，经不可说佛刹微尘数劫，皆得成佛，同号佛殊胜境界。我等为令未来诸菩萨闻此法故，皆共护持⑰。如此四天下所度众生，十方百千亿那由他无数无量，乃至不可说不可说法界⑱虚空等一切世界中，所度众生皆亦如是。

　　尔时，十方诸佛威神力故，毗卢遮那⑲本愿力故，法如是⑳故，善根力故，如来起智不越念㉑故，如来应缘不失时㉒故，随时觉悟诸菩萨故，往昔所作无失坏㉓故，令得普贤广大行㉔故，显现一切智自在故，十方各过十不可说百千亿那由他佛刹微尘数世界外，各有十不可说百千亿那由他佛刹微尘数菩萨，来诣于此，充满十方一切法界，示现菩萨广大庄严，放大光明网，震动一切十方世界，坏散一切诸魔宫殿，消灭一切诸恶道苦，显现一切如来威德，歌咏赞叹如来无量差别功德法㉕，普雨一切种种雨，示现无量差别身，领受无量诸佛法。

　　以佛神力，各作是言：善哉！佛子！乃能说此如来不可坏法。佛子！我等一切皆名普贤，各从普光明世界㉖、普幢自在㉗如来所而来于此。彼一切处亦说是法，如是文句，如是义理，如是宣说，如是决定。皆同于此，不增不减。我等皆以佛神力故，得如来法故，来诣此处。为汝作证。如我来此，十方等虚空遍法界一切世界诸四天下，亦复如是。

尔时，普贤菩萨承佛神力，观察一切菩萨大众，欲重明如来出现广大威德，如来正法不可沮坏，无量善根皆悉不空，诸佛出世，必具一切最胜之法，善能观察诸众生心，随应说法，未曾失时，生诸菩萨无量法光，一切诸佛自在庄严。一切如来一身无异，从本大行^㉘之所生起，而说颂言：

一切如来诸所作，世间譬喻无能及；

为令众生得悟解，非喻^㉙为喻而显示。

如是微密甚深法，百千万劫难可闻；

精进智慧调伏者^㉚，乃得闻此秘奥义。

若闻此法生欣庆，彼曾供养无量佛；

为佛加持^㉛所摄受^㉜，人天赞叹常供养。

此为超世第一财^㉝，此能救度诸群品^㉞；

此能出生清净道^㉟，汝等当持莫放逸^㊱。

注释

①**东涌西没**："涌"，原作"踊"，今依日本《大正藏》本改（下同）。此句意为东面突然腾举，西面突然低落。

②**雨出过诸天一切华云**："华云"，谓似云海一样的

华。此句意为天空降下超过诸天的一切似云海一样的华。

③**盖云**：谓伞盖多得像云海一样。

④**幢云**：谓宝幢多得像云海一样。

⑤**幡云**：谓旌旗多得像云海一样。

⑥**香云**：谓香多得像云海一样。

⑦**鬘云**：谓花鬘多得像云海一样。

⑧**涂香云**：谓涂香多得像云海一样。

⑨**庄严具云**："庄严具"，即装饰道场、佛像之物。此句意为庄严物多得像云海一样。

⑩**大光明摩尼宝云**：谓放大光明的大珠宝多得像云海一样。

⑪**严净不思议世界云**：谓庄严、清净的不思议世界多得像云海一样。

⑫**雨如来言语音声云**：谓降下的如来言语声多得像云海一样。

⑬**十方各过八十不可说百千亿那由他佛刹微尘数世界**："十方"，即东、西、南、北、东南、西南、东北、西北、上、下。"过八十不可说"，即超过八十个不可言说的。此句意为普天之下各有无数的佛国土像微尘数那样多的世界。

⑭**神通三昧**：即具有变化莫测、无拘无碍的种种神通之禅定。

⑮**授记**：音译和伽罗，为十二部经之一。指佛对发大心之众生授与将来必当成佛之记别。

⑯**当来世**：即将来的世界。

⑰**护持**：即护持所闻之正法。

⑱**不可说不可说法界**：意谓数量多得不可以言语来讲说的法界。连用两个不可说，是加重语气，即更加不可言说了。

⑲**毗卢遮那**：亦作"毗卢舍那"，意为光明遍照一切。对佛真身的尊称。佛有三身，即有三个名号。"毗卢遮那"是佛法身的名号。

⑳**法如是**：意谓佛法就是如此合乎道理。

㉑**如来起智不越念**：意谓如来所起之智慧不超越意念。

㉒**如来应缘不失时**：意谓如来应众生机缘从来不失时机。

㉓**往昔所作无失坏**：意谓过去身、口、意的造作不会丧失和败坏。

㉔**普贤广大行**：即普贤菩萨的广大行愿。普贤菩萨有十大行愿，即礼敬诸佛、称赞如来、广修供养、忏悔业障、随喜功德、请转法轮、请佛住世、常随佛学、恒顺众生、普皆回向。此十大行愿通称广大行愿。

㉕**无量差别功德法**：即无数的各种不同的功德法门。

㉖**普光明世界**：指普光明殿，位于古印度摩揭陀国菩提道场之侧，佛在世时曾在此说八十《华严经》九会中的第二会、七会、八会三会。

㉗**普幢自在**：如来名号之一。

㉘**大行**：指菩萨之修行。菩萨为求佛果菩提，乃发大誓愿，经历千百万劫，修诸善行，积大功德，故称为大行。

㉙**非喻**：譬喻的一种，指以假设的事物来作譬喻。如佛经中世尊常以四大山从四方而来害众生，比喻为生老病死等四苦之恼害众生。

㉚**调伏者**：指能控制驾驭身、口、意三业，制伏一切恶行的人。

㉛**加持**：即加以护持的意思。佛菩萨以不可思议之力，保护众生，即称为加持。

㉜**摄受**：即摄取、接受的意思。佛以慈悲心摄取众生、接受众生，谓之摄受。

㉝**超世第一财**："超世"，谓超出过去、未来、现在三世。"第一财"，指七圣财中的第一圣财。见道以后的圣者，有七圣财，即：信财（信受正法）、戒财（持戒律）、渐财（自惭而不造诸恶）、愧财（对于他人有愧）、闻财（能闻正教）、施财（舍离一切，无所染着）、定慧财（摄心不散，用智慧照了诸法）。其中第一圣财，名为

信财（信受正法），即称第一财。

㉞**群品**：即群众的品类，意谓各种各类的群众。

㉟**清净道**：即无有染污之道。

㊱**放逸**：即放纵心思，任性妄为。

译文

这时候，由于佛的神通之力，有如是之法，十方世间各有十个不可言说的无量世界，起六种震动，所谓东边涌起，西边低落；西边涌起，东边低落；南边涌起，北边低落；北边涌起，南边低落；旁边涌起，中间低落；中间涌起，旁边低落。又有十八种震动之相，所谓一方独动，向四方俱动，向八方齐动；一方独起，四方俱起，八方齐起；一方独涌，四方俱涌，八方齐涌；一方独震，四方俱震，八方齐震；一方独吼，四方俱吼，八方齐吼；一方独击，四方俱击，八方齐击。同时天空降下超过诸天的一切华、一切伞盖、宝幢、旌旗、香、花鬘、涂香、庄严具、大光明摩尼宝、诸菩萨的赞叹、不可说菩萨各种不同之身、成就正觉、庄严清净的不可思议世界、如来的言语声音等，所有这些，都多得像云海一样，充满了无边法界。因为有如此四天下的如来神力的种种示现，所以使一切菩萨都皆大欢喜。普天之下的十方一切世界也全都如此。

这时候，除了十方无数的佛国土像微尘数那样多的世界外，还各有无数的佛国土像微尘数那样多的如来，同名普贤，都显现于其前，并这样说：好极了！佛子！你能承佛威力，随顺法性，演说如来出现时的不可思议之法。佛子！我们十方无数佛国土像微尘数那样多的同名诸佛，都说此法。如我所说一样，十方世界的一切诸神也都这样说。

佛子！现在这个法会中，有十万佛国土像微尘数那么多的大菩萨，得到一切菩萨的神通三昧，我们都与之授记，一生当得佛智阿耨多罗三藐三菩提，即成佛。佛国土的微尘数那么多的众生，如果发阿耨多罗三藐三菩提心，我们也与之授记，于未来世，经过不可言说的无数劫时，皆得成佛，同一名号为佛殊胜境界。我们为了使未来世的一切菩萨听闻此法，故皆共同护持。这样，四天下所度的众生无数无量，乃至说不尽的法界、虚空界等一切世界中所度的众生，也都是如此。

这时候，由于显示了十方诸佛的威神之力，法身佛毗卢遮那的本愿之力，法尔如是，善根之力，如来所起智慧不超越意念，如来应众生之机说法不失时机，随时使诸菩萨得到觉悟，使过去的身、口、意造作不失不坏，使之得到普贤的广大行愿，显现出一切智自由自在。这样，十方的无量无数的佛国土世界，无量无数佛国土的无量无数菩萨，都来到于此，充满了十方的一切法界，示现出菩萨所有的广大庄严，放出大光明网，震动了一切十方世界，败坏了一切诸魔的宫殿，消灭了一切恶道的诸苦，显现出一切如来的威德，歌咏赞叹如来无量的各种功德法，普遍降下一切各种各样的法雨，示现出无量的不同之身，受领无量的一切佛法。

并以佛的神通之力，各自说：好极了！佛子！能够宣说这样如来的不可破坏之法。佛子！我们一切诸佛皆名为普贤，各自从普光明世界普幢自在如来之所来到于此。在普光明世界的一切地方，也说这样的法，这样的文句，这样的义理，这样的宣说，这样的决定。完全等同于此，不增不减。由于我们都是以佛的神通之力，得如来之法，所以来到此地，为你作证。像我来到此地一样，十方的虚空界、法界等一切世界的一切四天下的菩萨，也是如此。

这时候，普贤菩萨承佛的神通之力，观察一切菩萨大众，为欲重新阐明如来出现的广大威德，阐明如来正法不可破坏，无量的善根，皆悉不空，诸佛出世，必定具有一切最胜之法，善能观察一切众生之心，能随顺众生应请说法，从来不失时机，能生起一切菩萨的无量法光，生起一切诸佛的自在庄严。一切如来的唯一法身无有不同，都是从菩萨所修的根本大行所生起。即说偈颂：

一切如来的各种造作，不是世间的譬喻所能论及的；

但是为了使众生能得到悟解，就用假设的事物来作譬喻，以显示一切。

像这样的微密甚深之法，虽历百千万劫时，也难得可闻；

只有努力精进，有智慧、能调伏诸恶行的人，才能闻此秘密、奥妙的义理。

如果有人听闻此法而生欢庆之心，那么他过去曾经供养过无量佛；

为佛加持所摄受，人天都要赞叹他、供养他。

此为超越三世的第一圣财，此能救度各种各样的众生；

此能生出无有染污的清净之道，你们应该执持不要放纵心思，任性妄为。

3　入法界品第三十九之十九

原典

入法界品①**第三十九之十九**

　　尔时，善财童子②合掌恭敬，重白弥勒菩萨③摩诃萨言：大圣！我已先发阿耨多罗三藐三菩提心，而我未知菩萨云何学菩萨行④？云何修菩萨道⑤？

　　大圣！一切如来授尊者记⑥，一生当得阿耨多罗三藐三菩提。若一生当得无上菩提，则已超越一切菩萨所住处，则已出过一切菩萨离生位⑦，则已圆满一切波罗蜜，则已深入一切诸忍门⑧，则已具足一切菩萨地，则已游戏一切解脱门⑨，则已成就一切三昧法，则已通达一切菩萨行，则已证得一切陀罗尼辩才⑩，则已于一切菩萨自在中而得自在，则已积集一切菩萨助道法⑪，则已游戏智慧方便，则已出生大神通智，则已成就一切学处，则已圆满一切妙行，则已满足一切大愿，则已领受一切佛所记，则已了知一切诸乘门，则已堪受一切如来所护念，则已能摄一切佛菩提，则已能持一切佛法藏，则已能持一切诸佛菩萨秘密藏⑫，则已能于一切菩萨众中为上首，则已能为破烦恼魔军大勇将，则已能作出生死旷野大导师，则已能作治诸惑重病大医王⑬，则已能于一切众生中为最胜，则已能于一切世主中得自在，则已能于一切圣人中最第一，则已能于一切声闻、独觉中最增上，则已能于生死海中为船师⑭，则已能布调伏一切众生网，则已能观一切众生根，则已能摄一切众生界，则已能守护一切菩萨众，则已能谈议一切菩萨事，则已能往诣一切如来所，则已能住止一切如来会⑮，则已能现身一切众生前，则已能于一切世法无所染，则已能超越一切魔境界，则已能安住一切佛境界，则已能到一切菩萨无碍境，则已能精勤供养一切佛，则已与一切诸佛法同体性，已系妙法绳，已受佛灌顶，已住一切智，已能普生一切佛法，已能速践一切智位。

注释

①**入法界品**：八十卷《华严经》中的第三十九品。

内容主要述说善财童子证入法界理之来龙去脉。

②**善财童子**：求道之菩萨名。为福城长者之子。出生时，种种珍宝自然涌现，故名善财。因受文殊师利菩萨之教诲，遍游南方诸国，参访五十三位善知识，听受种种法门，最后遇普贤菩萨，证入无生法界。

③**弥勒菩萨**：意译慈氏。出身婆罗门家庭，后为佛弟子，先于佛入灭，以菩萨之身为天人说法，住于兜率天。释尊曾预言授记，当其寿四千岁（约人间五十七亿六千万年）尽时，将下生此世，在龙华树下成佛，分三会说法。因此亦称弥勒佛、弥勒如来。因其有代释迦牟尼佛说法之意，亦称一生补处菩萨、补处菩萨。

④**菩萨行**：即修行者为成佛道而修的六度之行。如释迦牟尼佛在成道前所修的种种苦行，在过去世现种种身所修的布施、忍辱等行，即称菩萨行。

⑤**菩萨道**：即菩萨修六度万行，圆满自利、利他之两利，成就佛果之道。一般也称上求佛道，下化众生之教法为菩萨道。

⑥**授尊者记**："尊者"，一般为对罗汉之尊称。本文指佛对发菩提心之众生授予将来必当成为佛的记别，称授尊者记。

⑦**离生位**：即出离生死之位。谓三乘之人，入于见道，了见谛理，断尽见惑，永离三界之生死，达到这一

地步，即称离生位。

⑧**忍门**：谓忍受违逆之境，对于他人之损恼而不起嗔恨、报复心之门。为修行五门中之第三门。

⑨**解脱门**：指空、无相、无愿三种。因为此三种乃是通向涅槃之门户，故名解脱门。

⑩**陀罗尼辩才**："陀罗尼"，即能总摄忆持无量佛法而不忘失之念慧力。意谓善于记忆一切佛法。"辩才"，即巧于说法之才能。既能善于记忆一切佛法，又具善巧说法之才能，即称陀罗尼辩才。

⑪**助道法**：谓四念住、四正断等三十七种道品，能资助止观，称为助道法。

⑫**秘密藏**：即秘密之法藏。此法藏甚深秘奥，唯佛与佛乃能知之，非一般人所能了知之法门；复以如来善于护念深法，苟非其器，则秘而不说，故称秘密藏。

⑬**大医王**：对佛菩萨的譬喻。谓佛菩萨如大医生一样，善疗众病。

⑭**船师**：佛之异称。谓佛如度众生至彼岸之船筏的指挥者一样。

⑮**如来会**：即如来集诸菩萨等说法之法会。

译文

这时候，善财童子双手合十，恭敬地又对弥勒大菩萨说：大圣！我早就已经发了阿耨多罗三藐三菩提心，但我还不知道菩萨怎样来学菩萨行？怎样来修菩萨道？

大圣！一切如来对于发菩提心之众生授予将来必当成佛的记别，在一生中应当证得无上菩提的果位。如果在一生中就能证得无上菩提，那么就已经超越了一切菩萨安住的境地，就已经出离，超过一切菩萨的离生死之位；就已经圆满了一切波罗蜜；就已经深入了一切忍受之门；就已经圆满具足了一切菩萨地；就已经自在无碍地进入一切解脱门；就已经成就了一切禅定之法；就已经通达了一切菩萨行；就已经证得了一切陀罗尼辩才；就已经在一切菩萨的自由自在中得到了自由自在；就已经积集了一切菩萨的助道法；就已经自在无碍地得到了智慧的善巧方法；就已经生起了大神通智；就已经成就了一切学处；就已经圆满了一切奇妙之行；就已经满足了一切大愿；就已经领受了一切佛所作必当作佛的记别；就已经了知一切大乘、小乘、缘觉、声闻等诸乘之门；就已经能够受到一切如来的护念；就已经能够摄取一切佛菩提；就已经能够受持一切佛法藏；就已经能够受持一切诸佛菩萨的秘密藏；就已经能够在一切菩萨之中为上首；就已经能够成为破除烦恼魔军中的大勇将；就已经能够做出离生死旷野的众生的大导师；就已经能够做治疗众生所患的一切诸惑重病的大医王；就已经能够在一切众生中为最强的人；就已经能在一切世间之主大自在天中得自在；就已经能在一切圣人中处于第一位；就已经能在一切声闻、缘觉中成为最出类拔萃的；就已经能于生死海中当一位导航的船师；就已经能够布下调伏一切刚强众生的网；就已经能够观察一切众生的根器；就已经能够摄取一切众生界；就已经能够守护一切菩萨众；就已经能够谈论一切菩萨的行事；就已经能够前往一切如来之所；就已经能够参加一切如来举行的法会；就已经能够现身于一切众生之前；就已经能够对于一切世间之法无所染着；就已经能够超越一切邪魔的境界；就已经能够安住于一切佛的境界；就已经能够到达一切菩萨毫无障碍的境界；就已经能够精勤供养一切诸佛；就已经与一切诸佛同一体性；已经戴上了微妙的法缯（大伞）；已经受佛的灌顶；已经得一切智；已经能普遍生起一切佛法；已经能迅速达到一切智位。

原典

大圣！菩萨云何学菩萨行？云何修菩萨道？随所修学疾得具足一切佛法，悉能度脱所念众生，普能成满所发大愿，普能究竟所起诸行，普能安慰一切天人，不负自身，不断三宝，不虚一切佛菩萨种，能持一切诸佛法眼①。如是等事愿皆为说。

尔时，弥勒菩萨摩诃萨观察一切道场众会，指示善财而作是言：诸仁者！汝等见此长者子，今于我所问菩萨行诸功德不？诸仁者！此长者子勇猛精进，志愿无杂，深心坚固，恒不退转，具胜稀望，如救头然无有厌足，乐善知识亲近供养，处处寻求承事请法。

诸仁者！此长者子曩于福城②受文殊教，展转南行求善知识。经由一百一十善知识已，然后而来至于我所，未曾暂起一念疲懈。

诸仁者！此长者子甚为难有，趣向大乘，乘于大慧，发大勇猛，擐大悲甲③。以大慈心救护众生，起大精进波罗蜜行，作大商主护诸众生，为大法船度诸有海④，住于大道，集大法宝，修诸广大助道之法。如是之人，难可得闻，难可得见，难得亲近同居共行。何以故？此长者子发心救护一切众生，令一切众生解脱诸苦，超诸恶趣，离诸险难，破无明暗，出生死野，息诸趣轮⑤，度魔境界，不着世法，出欲淤泥。断贪鞅⑥，解见缚。坏想宅⑦，绝迷道。摧慢幢⑧，拔惑箭。撤睡盖⑨，裂爱网。灭无明，度有流⑩。离谄幻⑪，净心垢。断痴惑，出生死。

诸仁者！此长者子，为被四流⑫漂泊⑬者，造大法船。为被见泥⑭没溺者，立大法桥。为被痴暗⑮昏迷者，然大智灯。为行生死旷野者，开示圣道⑯。为婴烦恼重病⑰者，调和法药。为遭生老死苦者，饮以甘露，令其安隐。为入贪恚痴火者，沃以定水[18]，使得清凉。多忧恼者，慰喻使安。系有狱者，晓诲令出。入见网者，开以智剑。住界城[19]者，示诸脱门[20]。在险难者，导安隐处。惧结贼[21]者，与无畏法。堕恶趣者，授慈悲手。拘害蕴[22]者，示涅槃城。界蛇所缠[23]，解以圣道。着于六处空聚落[24]者，以智慧光引之令出。住邪济[25]者，令入正济。近恶友者，示其善友。乐凡法者，诲以圣法。着生死者，令其趣入一切智城。

诸仁者！此长者子恒以此行救护众生，发菩提心未尝休息，求大乘道曾无懈倦，饮诸法水不生厌足。恒勤积集助道之行，常乐清净一切法门。修菩萨行不舍精进，成满诸愿善行方便。见善知识情无厌足，事善知识身不疲懈，闻善知识所有教诲，常乐顺行未曾违逆。

诸仁者！若有众生能发阿耨多罗三藐三菩提心，是为稀有。若发心已，又能如是精进方便集诸佛法，倍为稀有。又能如是求菩萨道，又能如是净菩萨行，又能如是事善知识，又能如是如救头然，又能如是顺知识教，又能如是坚固修行，又能如是集菩提分，又能如是不求一切名闻利养，又能如是不舍菩萨纯一之心，又能如是不乐家宅，不着欲乐，不恋父母、亲戚、知识，但乐追求菩萨伴侣。又能如是不顾身命，唯愿勤修一切智道，应知展转倍更难得。

诸仁者！余诸菩萨经于无量百千万亿那由他劫，乃能满足菩萨愿行，乃能亲近诸佛菩提。此长者子于一生内，则能净佛刹，则能化众生，则能以智慧深入法界，则能成就诸波罗蜜，则能增广一切诸行，则能圆满一切大愿，则能超出一切魔业，则能承事一切善友，则能清净诸菩萨道，则能具足普贤诸行。

注释

①**法眼**：五眼之一。谓菩萨为度众生照见一切诸法实相之智慧眼。

②**福城**：古印度城市名。即善财童子的家乡及参见文殊菩萨处。

③**擐大悲甲**：即披上了大悲的铠甲。

④**有海**：即三界生死之海。

⑤**趣轮**：即五趣的生死轮回。

⑥**贪鞅**："鞅"，原意为套在马颈上的皮带，用以束缚马，不使放纵。"贪鞅"，意即贪欲的束缚。

⑦**想宅**："想"，谓心之作用，相当于现代语中的思想、概念等。"想宅"，即想之住宅，意为想的基础、来源。

⑧**慢幢**：意谓傲慢之心高举，犹如幢之高高耸起。

⑨**睡盖**：即睡眠盖。意谓众生为睡眠烦恼覆盖心识，不能进于善法，沉沦于三界，无有出期。

⑩**有流**：四流之一。指色界、无色界之诸惑，但不包括见惑及无明惑。亦即指贪、慢等思惑。此思惑能使人流转于色界、无色界，不能出离生死，故名有流。

⑪**谄幻**："谄"即谄曲，指对他人隐藏本心，表面装作亲爱、顺从之精神作用。指以不实之事幻惑人之眼目。

⑫**四流**：即见流、欲流、有流、无明流。

⑬**漂泊**：即漂流不息。

⑭**见泥**：即各种邪见如污泥之意。

⑮**痴暗**：即无明之暗惑。

⑯**圣道**：谓圣者之道，亦即三乘圣者所行之道。

⑰**婴烦恼重病**：即为烦恼所染污的重病所缠绕、困扰着。

⑱**定水**：比喻禅定时心境湛然寂静，犹如止水不动。

⑲**界城**：谓三界之惑如城垣，即三界之城。

⑳**脱门**：即解脱之门。

㉑**结贼**：即结缚之贼。

㉒**拘害蕴**：谓拘束于损害他人之心的集聚。

㉓**界蛇所缠**：谓三界之惑如毒蛇一样缠绕着。

㉔**六处空聚落**：谓人身之眼、耳、鼻、舌、身、意

六根，均是假和合而无实主，犹如无人之聚落。

㉕**邪济**：即以不正之方式去济度众生。

译文

大圣！菩萨怎样学习菩萨行？怎样修习菩萨道？随着所修、所学，迅速得到圆满具足的一切佛法，全部能够度脱所系念的众生，普遍能成就满足所发的大愿，普遍能够究竟圆满所修的一切诸行，普遍能够安慰一切天人，不辜负自身，不中断三宝，不断一切佛菩萨种，能够持有一切佛的法眼。像这许多的事项，愿大圣都为我详说。

这时候，弥勒大菩萨观察了一切道场众会，指着善财童子说：各位仁者！你们看到这位长者之子如今向我请问修菩萨行的一切功德？各位仁者！这位长者之子，勇猛精进，志愿专一，毫无杂念，深心坚固，恒不退转，具有殷切的希望，如救自己的头发被火所燃那样急迫，没有厌烦和满足的时候。乐于亲近供养善知识，处处寻求承事之法。

各位仁者！这位长者之子曾于福城受文殊菩萨的教导，辗转南行寻求善知识。经过了一百一十城善知识后，来到我的住所，其间从未有过一念之间的疲倦和懈怠。

各位仁者！这位长者之子甚为难得稀有，他趣向大乘，凭着他的大智慧，发起大勇猛之心，披上大悲的铠甲，以大慈心救护众生，修大精进的波罗蜜行，作大商主保护一切众生，为造大法船使之渡过一切生死之海，住于大菩提道，积集一切大法宝，修习一切广大的助道之法。像这样的人，难以得闻，难以得见，难得亲近同居共行。为什么？因为此长者子发心救护一切众生，使一切众生都解脱诸苦，超越一切恶趣，远离一切险难，破除无明黑暗，出离生死之旷野，息灭一切诸趣的生死轮回，度过一切恶魔境界。不贪着世间之法，出离欲界之淤泥。断灭贪欲的束缚，解脱一切见缚。破除一切妄想的基础，断绝一切迷惑的道路。摧毁高举的傲慢之心，拔去烦恼之毒箭。撤除睡眠烦恼之覆盖，破坏一切贪爱之网。灭除无明，度过那不能出离生死之有流。远离一切谄曲之心，清净心中的污垢。断灭愚痴等烦恼，出离生死之流转。

　　各位仁者！这位长者之子，为被见、欲、有、无明等四流漂流不息者造大法船；为被各种邪见污泥所淹没者建立大法桥；为被无明烦恼所迷惑者燃起大智慧灯；为行走于生死大旷野者开示圣者之道即佛道；为罹患烦恼重病者调和法药；为遭受生、老、病、死之苦者饮以甘露，使其安稳；为入贪、嗔、痴烦恼火坑者，浇以禅定之水，使其得到清凉；为多忧愁、苦恼者，给予安慰使之定心；为关在牢狱者，给予教诲使其出狱；为堕入一切邪见之网者，用智慧之剑斩断它；为住于三界之惑的城垣者，示以一切解脱法门；为处在危险、艰难之中者，引导至安稳之处；为那些害怕结缚之贼者，给予大无畏法；为堕落于一切恶趣者，授予慈悲之手；为陷于损害他人之心严重者，示以涅槃城；为受到三界之惑如毒蛇一样缠绕者，以圣者之道开解之；为执着于六处的空聚落者，以智慧之光引导他们使之出来；为住于不正之济度众生者，使他们走向正确的济度；为那些亲近恶友者，晓示其亲近善友；为耽乐于凡人之法者，教诲其以圣者之法；为执着生死者，使其趣入一切智城。

各位仁者！这位长者之子经常以这种修行救护众生，发菩提心不求休息，求大乘佛道永不懈倦，饮用诸佛法水不生厌足，经常精勤积集助道之行，常乐清净一切法门。修习菩萨之行精进不舍，成就圆满一切诸愿，善行方便。见善知识的心情没有厌足之时，事奉善知识从不疲倦、懈怠，听从善知识的一切教诲，经常乐于顺行未曾有所违逆。

各位仁者！如果有众生能发阿耨多罗三藐三菩提心，已是稀有难得之事。如果发心以后，又能这样精进不懈，以善巧的方法积集一切佛法，更加稀有难得。又能这样求菩萨道，又能这样修菩萨行，又能这样侍奉善知识，又能这样如救头发为火所燃那样之急迫，又能这样随顺善知识、学习经教，又能这样坚定不移地修行，又能这样集一切菩提分法，又能这样不求一切名闻利养，又能这样不舍菩萨的纯一之心。又能这样不耽乐于家庭，不贪着欲乐，不眷恋父母、亲戚、朋友，只是乐于追求菩萨的伴侣。又能这样不顾自己身命，只是立愿勤修一切智道。应该知道这样反复地实行，是更加难得的。

各位仁者！其他的一切菩萨经过了无量无数的千万亿劫，才能圆满具足菩萨的愿行，才能亲近诸佛菩提。这位长者之子能于一生之内，就能至清净佛刹，就能教化众生，就能以智慧深入一切法界，就能成就一切波罗蜜，就能增广一切诸行，就能圆满一切大愿，就能超越一切恶魔邪业，就能趋承、服侍一切善友，就能清净一切菩萨道，就能圆满具足普贤菩萨的一切诸行。

原典

尔时，弥勒菩萨摩诃萨如是称叹善财童子种种功德，令无量百千众生发菩提心已。告善财言：善哉！善哉！善男子！汝为饶益一切世间，汝为救护一切众生，汝为勤求一切佛法故，发阿耨多罗三藐三菩提心。

善男子！汝获善利，汝善得人身，汝善住寿命，汝善值如来出现，汝善见文殊师利大善知识。汝身是善器，为诸善根之所润泽。汝为白法之所资持，所有解欲①悉已清净，已为诸佛共所护念，已为善友共所摄受。何以故？

　　善男子！菩提心者，犹如种子，能生一切诸佛法故。

　　菩提心者，犹如良田，能长众生白净法故。

　　菩提心者，犹如大地，能持一切诸世间故。

　　菩提心者，犹如净水，能洗一切烦恼垢故。

　　菩提心者，犹如大风，普于世间无所碍故。

　　菩提心者，犹如盛火，能烧一切诸见薪②故。

　　菩提心者，犹如净日，普照一切诸世间故。

　　菩提心者，犹如盛月，诸白净法悉圆满故。

　　菩提心者，犹如明灯，能放种种法光明故。

　　菩提心者，犹如净目，普见一切安危处故。

　　菩提心者，犹如大道，普令得入大智城故。

　　菩提心者，犹如正济，令其得离诸邪法故。

　　菩提心者，犹如大车，普能运载诸菩萨故。

　　菩提心者，犹如门户，开示一切菩萨行故。

　　菩提心者，犹如宫殿，安住修习三昧法故。

　　菩提心者，犹如园苑，于中游戏受法乐故。

　　菩提心者，犹如舍宅，安隐一切诸众生故。

　　菩提心者，则为所归③，利益一切诸世间故。

菩提心者，则为所依④，诸菩萨行所依处故。

菩提心者，犹如慈父，训导一切诸菩萨故。

菩提心者，犹如慈母，生长一切诸菩萨故。

菩提心者，犹如乳母，养育一切诸菩萨故。

菩提心者，犹如善友，成益一切诸菩萨故。

菩提心者，犹如君主，胜出一切二乘人故。

菩提心者，犹如帝王，一切愿中得自在故。

菩提心者，犹如大海，一切功德悉入中故。

菩提心者，如须弥山，于诸众生心平等故。

菩提心者，如铁围山⑤，摄持一切诸世间故。

菩提心者，犹如雪山，长养一切智慧药故。

菩提心者，犹如香山，出生一切功德香故。

菩提心者，犹如虚空，诸妙功德广无边故。

菩提心者，犹如莲华，不染一切世间法故。

菩提心者，如调慧象⑥，其心善顺不猎戾⑦故。

菩提心者，如良善马，远离一切诸恶性故。

菩提心者，如调御师⑧，守护大乘一切法故。

菩提心者，犹如良药，能治一切烦恼病故。

菩提心者，犹如坑井⑨，陷没一切诸恶法故。

菩提心者，犹如金刚，悉能穿彻一切法故。

菩提心者，犹如香箧，能储一切功德香故。

菩提心者，犹如妙华，一切世间所乐见故。

菩提心者，如白栴檀⑩，除众欲热使清凉故。

菩提心者，如黑沉香⑪，能熏法界悉周遍故。

菩提心者，如善见药王⑫，能破一切烦恼病故。

菩提心者，如毗笈摩药⑬，能拔一切诸惑箭故。

菩提心者，犹如帝释，一切主中最为尊故。

菩提心者，如毗沙门⑭，能断一切贫穷苦故。

菩提心者，如功德天⑮，一切功德所庄严故。

菩提心者，如庄严具，庄严一切诸菩萨故。

菩提心者，如劫烧火⑯，能烧一切诸有为故。

菩提心者，如无生根药⑰，长养一切诸佛法故。

菩提心者，犹如龙珠⑱，能消一切烦恼毒故。

菩提心者，如水清珠⑲，能清一切烦恼浊故。

菩提心者，如如意珠⑳，周给一切诸贫乏故。

菩提心者，如功德瓶㉑，满足一切众生心故。

菩提心者，如如意树㉒，能雨一切庄严具故。

菩提心者，如鹅羽衣㉓，不受一切生死垢故。

菩提心者，如白叠线㉔，从本已来性清净故。

菩提心者，如快利犁，能治一切众生田故。

菩提心者，如那罗延㉕，能摧一切我见敌故。

菩提心者，犹如快箭，能破一切诸苦的故。

菩提心者，犹如利矛，能穿一切烦恼甲故。

菩提心者，犹如坚甲，能护一切如理心故。

菩提心者，犹如利刀，能斩一切烦恼首故。

菩提心者，犹如利剑，能断一切憍慢铠故。

菩提心者，如勇将幢，能伏一切诸魔军故。

菩提心者，犹如利锯，能截一切无明树故。

菩提心者，犹如利斧，能伐一切诸苦树故。

菩提心者，犹如兵仗，能防一切诸苦难故。

菩提心者，犹如善手㉖，防护一切诸度身故。

菩提心者，犹如好足，安立一切诸功德故。

菩提心者，犹如眼药，灭除一切无明翳故。

菩提心者，犹如钳镊，能拔一切身见刺故。

菩提心者，犹如卧具，息除生死诸劳苦故。

菩提心者，如善知识，能解一切生死缚故。

菩提心者，如好珍财，能除一切贫穷事故。

菩提心者，如大导师，善知菩萨出要道故。

菩提心者，犹如伏藏㉗，出功德财无匮乏故。

菩提心者，犹如涌泉，生智慧水无穷尽故。

菩提心者，犹如明镜，普现一切法门像故。

菩提心者，犹如莲华，不染一切诸罪垢故。

菩提心者，犹如大河，流引一切度摄法故。

菩提心者，如大龙王，能雨一切妙法雨故。

菩提心者，犹如命根㉘，任持菩萨大悲身故。

菩提心者，犹如甘露，能令安住不死界故。

菩提心者，犹如大网，普摄一切诸众生故。

菩提心者，犹如绢索㉙，摄取一切所应化故。

菩提心者，犹如钩饵，出有渊中所居者故。

菩提心者，如阿伽陀药㉚，能令无病永安隐故。

菩提心者，如除毒药，悉能消歇贪爱毒故。

菩提心者，如善持咒，能除一切颠倒毒故。

菩提心者，犹如疾风，能卷一切诸障雾故。

菩提心者，如大宝洲㉛，出生一切觉分宝㉜故。

菩提心者，如好种性，出生一切白净法故。

菩提心者，犹如住宅，诸功德法所依处故。

菩提心者，犹如市肆，菩萨商人贸易处故。

菩提心者，如炼金药，能治一切烦恼垢故。

菩提心者，犹如好蜜，圆满一切功德味故。

菩提心者，犹如正道，令诸菩萨入智城故。

菩提心者，犹如好器，能持一切白净法故。

菩提心者，犹如时雨，能灭一切烦恼尘故。

菩提心者，则为住处，一切菩萨所住处故。

菩提心者，则为寿行，不取声闻解脱果故。

菩提心者，如净琉璃，自性明洁无诸垢故。

菩提心者，如帝青宝㉝，出过世间二乘智故。

菩提心者，如更漏鼓㉞，觉诸众生烦恼睡故。

菩提心者，如清净水，性本澄洁无垢浊故。

菩提心者，如阎浮金[35]，映夺一切有为善故。

菩提心者，如大山王，超出一切诸世间故。

菩提心者，则为所归，不拒一切诸来者故。

菩提心者，则为义利[36]，能除一切衰恼事故。

菩提心者，则为妙宝，能令一切心欢喜故。

菩提心者，如大施会[37]，充满一切众生心故。

菩提心者，则为尊胜，诸众生心无与等故。

菩提心者，犹如伏藏，能摄一切诸佛法故。

菩提心者，如因陀罗网[38]，能伏烦恼阿修罗故。

菩提心者，如婆楼那风[39]，能动一切所应化故。

菩提心者，如因陀罗火[40]，能烧一切诸惑习故。

菩提心者，如佛支提[41]，一切世间应供养故。

善男子！菩提心者，成就如是无量功德。举要言之，应知悉与一切佛法诸功德等。何以故？因菩提心出生一切诸菩萨行，三世如来从菩提心而出生故。

注释

①**解欲**：即知解和欲望。

②**见薪**：谓一切诸见如薪火（柴草）。

③**所归**：即所归趣、归向之意。

④**所依**：即所依止、仗托之意。

⑤**铁围山**：佛教谓以须弥山为中心，其周围七山八海围绕，其中第八海为咸海，阎浮四洲位于此海中。此咸海周围有山，由铁所成，名铁围山。即围绕须弥西洲外海之山。

⑥**调慧象**：谓调伏的智慧之象。

⑦**猎戾**：即凶悍、暴戾。

⑧**调御师**：亦称调御丈夫。佛十号之一。谓佛能调御一切可度之丈夫，使入佛道。

⑨**坑井**：即捕捉野兽的陷坑陷阱。

⑩**白栴檀**：香木名。栴檀有赤色、白色、黑色、紫色等不同。白色之栴檀，名白栴檀，能治热病。

⑪**黑沉香**：简称沉香，亦称沉水香。系采自热带所产之瑞香科常绿乔木之天然香料。其木采伐或朽败时，其中心木质部分会渗出黑色树脂，即是黑沉香。因其木心坚实，入水必沉，香气浓郁，故称沉水香。可治疗风水肿毒。

⑫**善见药王**：亦称善现药王。产于喜马拉雅山之药名，能治一切疾病。

⑬**毗笈摩药**：亦称频伽陀药。此药能除去一切毒恶疾病，故意译为除去、普去。

⑭**毗沙门**：四天王之一，亦称多闻天王，是佛教的护法神，亦是施福之神。

⑮**功德天**：亦称吉祥天女。本为印度神话中之神，后成为佛教之护法天神。为施福德之女神。早期印度佛教传说，此天系毗沙门天之妃，其父为德叉迦，母为鬼子母神。一说功德天即鬼子母神。

⑯**劫烧火**：即坏劫时大火灾之火，能把一切都烧尽。

⑰**无生根药**：即无有生根之药。

⑱**龙珠**：即龙颌下之珠，为珍宝。

⑲**水清珠**：即水珠。此珠入水，能使水清，故名水清珠。

⑳**如意珠**：亦称如意宝珠、摩尼宝珠等。谓此珠能随自己意愿，变现出种种珍宝之宝珠。此外，尚有除病、去苦等功德。关于此宝珠之出处，说法不一，有说出自摩竭鱼之脑中，有说出自龙王之脑中，亦有说出自帝释天所持之金刚破碎后掉落而得，或出自佛舍利变化而成。

㉑**功德瓶**：亦称贤瓶、如意瓶、吉祥瓶等。谓此瓶能满足一切所愿，能生善福，能成立一切功德。

㉒**如意树**：亦称劫波树。为生于帝释天所居喜林园中之树名。谓此树能应时产生一切所需之物，如衣服、装严之饰物、日常用具等，故名如意树。

㉓**鹅羽衣**：即用鹅毛制成的衣服，不沾水、不粘污垢。

㉔**白叠线**：用白叠纺成的线，洁白无瑕。

㉕**那罗延**：为具有大力之印度古神。为欲界中之天神，又称毗纽天。此天多力，有八臂，乘金翅鸟，手持种种器仗，常与阿修罗王战斗。

㉖**善手**：即妙好之手。为五手之一，作施无畏印。

㉗**伏藏**：谓埋伏于土中之宝藏，掘之能得无数。

㉘**命根**：即有情之寿命。依煖与识而维持一期之间者，即称为命根。

㉙**绢索**：亦称金刚索、宝索等。为战斗或狩猎所用之工具。战斗时常用以绢取人或绢取马头、马脚之绳索，俗称搭索。通常以五色线搓成，一端附镮，另一端附半独股杵。

㉚**阿伽陀药**：或作不死药。此药灵奇，价值无量，服之能普去众疾。

㉛**大宝洲**：即得佛果后所住之大妙地。

㉜**一切觉分宝**：谓三十七菩提分之宝。此三十七种修行方法，皆顺趣菩提（觉）之宝，故称一切觉分宝。

㉝**帝青宝**：宝珠名。即帝释宝，以其为青色，是宝中之最尊者，故称帝青宝。

㉞**更漏鼓**：简称更鼓。指夜里为报知时刻而于每更敲打之大鼓。

㉟**阎浮金**：即阎浮檀金。见《十地品》第二节注。

㊱**义利**：即义与利相应，有义必有利，称为义利。

㊲**大施会**：亦称无遮大会。谓不论贵贱上下，一切之人都可与会，而以物施与之。约五年举行一次，昔玄奘在印度就曾参加过此种大施会。

㊳**因陀罗网**：为梵汉双举之名。单用汉语，则名帝网。即帝释天之宝网。其网之线，珠玉交络，如是交映，重重影现，重重无尽。

㊴**婆楼那风**："婆楼那"，原为龙王名。此处婆楼那风，意为迅猛之风，其风坚密，如世之风轮。

㊵**因陀罗火**："因陀罗"，意译天主帝即指帝释天。帝释天之火，即名因陀罗火。

㊶**佛支提**：即佛塔。一般有舍利的称塔，无舍利的称支提。但经常是通用的。

译文

这时候，弥勒大菩萨这样称叹善财童子种种功德，使无量无数的百千众生发菩提心以后，就对善财童子说：好极了！好极了！善男子！你为了饶益一切世间，为了救护一切众生，为了勤求一切佛法，才发起阿耨多罗三藐三菩提心。

善男子！你不仅获得了善妙利益，你又能得人身，你得到了长寿，又刚好出生在这时，得以遇到了如来出现，你得以见到了文殊师利大善知识。你的色身是修习正法的好根器，且能被一切善根所润泽。你为白净之法即善法所资持，所有知解、欲望都已经清净，已为一切诸佛共同护念，已为一切善友共同摄受。为什么？

善男子！菩提心犹如种子，因为能生起一切佛法；菩提心犹如良田，因为能生长起众生的白净法；菩提心犹如大地，因为能够持有一切世间；菩提心犹如净水，因为能够清洗一切烦恼污垢；菩提心犹如大风，因为能够普吹于世间无所障碍；菩提心犹如旺盛之火，因为能够焚烧如柴草那样多的一切诸见。

菩提心犹如净日，因为能普遍照耀一切世间；菩提心犹如满月，因为一切白净法都能圆满具足；菩提心犹如明灯，因为能放出种种佛法光明；菩提心犹如净目，因为能普见一切安危之处；菩提心犹如大道，因为能普遍使众生进入大智慧城；菩提心犹如真正济度众生，因为能使其远离一切邪法；菩提心犹如大车，因为能普遍运载一切菩萨；菩提心犹如门户，因为能开示一切菩萨行。

菩提心犹如宫殿，因为能使人安住修习禅定；菩提心犹如花园，因为能在其中游戏享受法乐；菩提心犹如房舍住宅，因为能使一切众生身心安稳；菩提心就是所归趣之处，因为能利益一切世间众生；菩提心就是所依止之处，因为是一切菩萨修行所依之处。

菩提心犹如慈父，因为能训导一切菩萨；菩提心犹如慈母，因为能生长一切菩萨；菩提心犹如乳母，因为能养育一切菩萨；菩提心犹如善友，因为能成就利益一切菩萨；菩提心犹如君主，因为它胜过一切二乘之人；菩提心犹如帝王，因为能于一切大愿中得自在。

菩提心犹如大海，因为一切功德都能进入其中；菩提心犹如须弥山，因为对于一切众生心都平等；菩提心犹如铁围山，因为能摄持一切世间；菩提心犹如雪山，因为能长养一切智慧之药；菩提心犹如香山，因为能生出一切功德之香；菩提心犹如虚空，因为一切微妙功德广阔无边；菩提心犹如莲华，因为不染着一切世间之法。

菩提心犹如调伏的智慧之象，因为其心善顺，不凶悍、暴戾；菩提心犹如善良之马，因为其远离一切恶性；菩提心犹如调御师，因为能守护大乘的一切佛法；菩提心犹如良药，因为能治疗一切烦恼之病；菩提心犹如陷坑陷阱，因为能陷没一切恶法；菩提心犹如金刚，因为能完全穿透一切法；菩提心犹如香箧，因为能贮藏一切功德之香；菩提心犹如妙华，因为一切世间之人都乐于观看。

菩提心犹如白栴檀，因为能使众生除去欲热，得到清凉；菩提心犹如黑沉香，因为能普遍、全面熏习法界；

菩提心犹如善见药王，因为能驱除一切烦恼之病；菩提心如毗笈摩药，因为能拔去一切诸惑之毒箭；菩提心犹如帝释，因为在一切天主中最为尊贵；菩提心犹如毗沙门，因为能断一切贫穷之苦；菩提心犹如功德天，因为是一切功德之所庄严；菩提心犹如庄严具，因为能庄严一切菩萨。

菩提心犹如劫火烧，因为能烧一切有为法；菩提心犹如无生根药，因为能长养一切佛法；菩提心犹如龙珠，因为能消灭一切烦恼之毒；菩提心犹如水清珠，因为能澄清一切烦恼之污浊；菩提心犹如如意珠，因为能普遍布施给一切贫穷之人；菩提心犹如功德瓶，因为能满足一切众生之心；菩提心犹如如意树，因为能生出一切庄严之具；菩提心犹如鹅羽衣，因为不受一切生死之垢染；菩提心犹如白叠线，因为从来就是本性清净的；菩提心犹如快利犁，因为能整治一切众生田。

菩提心犹如那罗延，因为能摧毁一切我见之敌；菩提心犹如快箭，因为能穿破一切诸苦的中心；菩提心犹如利矛，因为能穿透一切烦恼铠甲；菩提心犹如坚甲，因为能保护一切如理之心；菩提心犹如利刀，因为能斩断一切烦恼之首；菩提心犹如利剑，因为能刺断一切憍慢之铠甲；菩提心犹如勇将幢，因为能降伏一切魔军；菩提心犹如利锯，因为能截断一切无明之树；菩提心犹如利斧，因为能砍伐一切诸苦之树；菩提心犹如兵仗，因为能防御一切苦难。

菩提心犹如善手，因为能防护一切解脱生死之身；菩提心犹如好足，因为能安立一切功德；菩提心犹如眼药，因为能灭除一切无明之翳；菩提心犹如钳镊，因为能拔除一切身见之刺；菩提心犹如卧具，因为能止息、驱除生死的一切劳苦；菩提心犹如善知识，因为能解除一切生死之缚；菩提心犹如好珍财，因为能消除一切贫穷之事；菩提心犹如大导师，因为善知菩萨出离生死之要道。

菩提心犹如伏藏，因为能出功德之财无有匮乏；菩提心犹如涌泉，因为能生智慧之水无穷无尽；菩提心犹如明镜，因为能普遍显现一切法门之象；菩提心犹如莲华，因为不染一切罪恶之污垢；菩提心犹如大河，因为其流能引一切度摄众生之法；菩提心犹如大龙王，因为能降一切妙法之雨；菩提心犹如命根，因为能任持菩萨的大悲之身；菩提心犹如甘露，因为能使众生安住于涅槃之不死境界。

菩提心犹如大网，因为能普摄一切众生；菩提心犹如绢索，因为能摄取一切所应化的众生；菩提心犹如钩饵，因为能引出生死之渊中的一切所居者；菩提心犹如阿伽陀药，因为能使众生无病安稳；菩提心犹如除毒药，因为能消灭一切贪爱之毒；菩提心犹如善持咒，因为能除一切颠倒之毒；菩提心犹如疾风，因为能卷去一切诸障之迷雾。

菩提心犹如大宝洲，因为能出生一切菩提分法之宝；菩提心犹如好种性，因为能生出一切白净之法；菩提心犹如住宅，因为是一切功德法所依之处；菩提心犹如市肆，因为是菩萨商人贸易之处；菩提心犹如炼金药，因为能治疗一切烦恼的垢染；菩提心犹如好蜜，因为能圆满一切功德之味；菩提心犹如正道，因为能使一切菩萨进入智慧之城。

菩提心犹如好器，因为能存放一切白净之法；菩提心犹如及时雨，因为能灭除一切烦恼垢尘；菩提心是为住处，因为是一切菩萨所居之处；菩提心是为寿行，因为不采取声闻解脱之果；菩提心犹如净琉璃，因为自性明洁，无有一切垢染；菩提心犹如帝青宝，因为超越了世间二乘的智慧；菩提心犹如更漏鼓，因为能觉知一切众生烦恼睡眠。

菩提心犹如清净水，因为其性本来澄洁，无有垢浊；菩提心犹如阎浮金，因为其光辉照耀，超过一切有为善法；菩提心犹如大山王，因为其超出一切世间；菩提心是所归之处，因为不拒一切来者；菩提心是为义利，因为能除去一切衰恼之事；菩提心是妙宝，因为能使一切人都心生欢喜；菩提心犹如大施会，因为充满了一切众生之心。

菩提心非常尊胜，因为一切众生心都无与伦比；菩提心犹如伏藏，因为能摄藏一切佛法；菩提心犹如因陀罗网，因为能降伏一切烦恼和阿修罗；菩提心犹如婆楼那风，因为能吹动一切所应教化之人；菩提心犹如因陀罗火，因为能焚烧一切烦恼习气；菩提心犹如佛支提（塔），因为一切世间都应该供养。

善男子！菩提心能成就这样的无量功德。扼要地说，它应该与一切佛法的一切功德相等。为什么？因为菩提心生出了一切菩萨之行，三世如来也是从菩提心而生出的。

原典

是故，善男子！若有发阿耨多罗三藐三菩提心者，则已出生无量功德，普能摄取一切智道。

善男子！譬如有人得无畏药，离五恐怖。何等为五？所谓火不能烧，毒不能中，刀不能伤，水不能漂，烟不能熏。菩萨摩诃萨亦复如是，得一切智菩提心药，贪火不烧，嗔毒不中，惑刀不伤，有流不漂，诸觉观烟，不能熏害。

善男子！譬如有人得解脱药，终无横难。菩萨摩诃萨亦复如是，得菩提心解脱智药，永离一切生死横难。

善男子！譬如有人持摩诃应伽药，毒蛇闻气即皆远去。菩萨摩诃萨亦复如是，持菩提心大应伽药，一切烦恼诸恶毒蛇，闻其气者悉皆散灭。

善男子！譬如有人持无胜药，一切冤敌无能胜者。菩萨摩诃萨亦复如是，持菩提心无能胜药，悉能降伏一切魔军。

善男子！譬如有人持毗笈摩药，能令毒箭自然堕落。菩萨摩诃萨亦复如是，持菩提心毗笈摩药，令贪恚痴诸邪见箭自然堕落。

善男子！譬如有人持善见药，能除一切所有诸病。菩萨摩诃萨亦复如是，持菩提心善见药王，悉除一切诸烦恼病。

善男子！如有药树名珊陀那①，有取其皮以涂疮者，疮即除愈，然其树皮随取随生，终不可尽。菩萨摩诃萨从菩提心生一切智树亦复如是。若有得见而生信者，烦恼业疮悉得消灭，一切智树初无所损。

善男子！如有药树名无生根，以其力故，增长一切阎浮提树。菩萨摩诃萨菩提心树亦复如是。以其力故，增长一切学与无学，及诸菩萨所有善法。

善男子！譬如有药名阿蓝婆②，若用涂身，身之与心咸有堪能。菩萨摩诃萨得菩提心阿蓝婆药亦复如是，令其身心增长善法。

善男子！譬如有人得念力药，凡所闻事忆持不忘。菩萨摩诃萨得菩提心念力妙药，悉能闻持一切佛法，皆无忘失。

善男子！譬如有药名大莲华，其有服者，住寿一劫。菩萨摩诃萨服菩提心大莲华药亦复如是，于无数劫寿命自在。

善男子！譬如有人执翳形药③，人与非人悉不能见。菩萨摩诃萨执菩提心翳形妙药，一切诸魔不能得见。

善男子！如海有珠名普集众宝，此珠若在，假使劫火焚烧世间，能令此海减于一滴，无有是处。菩萨摩诃萨菩提心珠亦复如是。住于菩萨大愿海中，若常忆持不令退失，能坏菩萨一善根者，终无是处，若退其心，一切善法即皆散灭。

善男子！如有摩尼名大光明，有以此珠璎珞身者，映蔽一切宝庄严具，所有光明悉皆不现。菩萨摩诃萨菩提心宝亦复如是，璎珞其身，映蔽一切二乘心宝诸庄严具，悉无光采。

善男子！如水清珠，能清浊水。菩萨摩诃萨菩提心珠亦复如是，能清一切烦恼垢浊。

善男子！譬如有人得住水宝，系其身上，入大海中不为水害。菩萨摩诃萨亦复如是，得菩提心住水妙宝，入于一切生死海中，终不沉没。

善男子！譬如有人得龙宝珠，持入龙宫，一切龙蛇不能为害。菩萨摩诃萨亦复如是，得菩提心大龙宝珠，入欲界中，烦恼龙蛇不能为害。

善男子！譬如帝释着摩尼冠④，映蔽一切诸余天众。菩萨摩诃萨亦复如是，着菩提心大愿宝冠，超过一切三界众生。

善男子！譬如有人得如意珠，除灭一切贫穷之苦。菩萨摩诃萨亦复如是，得菩提心如意宝珠，远离一切邪命怖畏。

善男子！譬如有人得日精珠⑤，持向日光而生于火。菩萨摩诃萨亦复如是，得菩提心智日宝珠，持向智光而生智火。

善男子！譬如有人得月精珠⑥，持向月光而生于水。菩萨摩诃萨亦复如是，得菩提心月精宝珠，持此心珠鉴回向光，而生一切善根愿水。

善男子！譬如龙王首戴如意摩尼宝冠，远离一切冤敌怖畏。菩萨摩诃萨亦复如是，着菩提心大悲宝冠，远离一切恶道诸难。

善男子！如有宝珠名一切世间庄严藏，若有得者，令其所欲悉得充满，而此宝珠无所损减。菩提心宝亦复如是，若有得者，令其所愿悉得满足，而菩提心无有损减。

善男子！如转轮王有摩尼宝置于宫中，放大光明破一切暗。菩萨摩诃萨亦复如是，以菩提心大摩尼宝住于欲界，放大智光悉破诸趣无明黑暗。

善男子！譬如帝青大摩尼宝⑦，若有为此光明所触，即同其色。菩萨摩诃萨菩提心宝亦复如是，观察诸法回向善根，靡不即同菩提心色。

善男子！如琉璃宝，于百千岁处不净中，不为臭秽之所染着，性本净故。菩萨摩诃萨菩提心宝亦复如是，于百千劫住欲界中，不为欲界过患所染，犹如法界性清净故。

善男子！譬如有宝名净光明，悉能映⑧蔽一切宝色。菩萨摩诃萨菩提心宝亦复如是，悉能映蔽一切凡夫二乘功德。

善男子！譬如有宝名为火焰，悉能除灭一切暗冥。菩萨摩诃萨菩提心宝亦复如是，能灭一切无知暗冥。

善男子！譬如海中有无价宝，商人采得，船载入城，诸余摩尼百千万种光色，价直无与等者。菩提心宝亦复如是，住于生死大海之中，菩萨摩诃萨乘大愿船深心相续，载之来入解脱城中，二乘功德无能及者。

善男子！如有宝珠名自在王，处阎浮洲去日月轮四万由旬^⑨，日月宫中所有庄严，其珠影现悉皆具足。菩萨摩诃萨发菩提心净功德宝亦复如是，住生死中，照法界空，佛智日月，一切功德悉于中现。

善男子！如有宝珠名自在王，日月光明所照之处，一切财宝衣服等物，所有价直悉不能及。菩萨摩诃萨发菩提心自在王宝亦复如是，一切智光所照之处，三世所有天人二乘漏、无漏善，一切功德皆不能及。

善男子！海中有宝名曰海藏，普现海中诸庄严事。菩萨摩诃萨菩提心宝亦复如是，普能显现一切智海诸庄严事。

善男子！譬如天上阎浮檀金，唯除心王大摩尼宝，余无及者。菩萨摩诃萨发菩提心阎浮檀金亦复如是，除一切智心王大宝，余无及者。

注释

①**珊陀那**：亦作删陀那。神话中之药树名。意译续断、和合。该树之皮可作愈疮之用，或能使断伤接合。

②**阿蓝婆**：药草名。全称阿罗底蓝婆，略称蓝婆。意译汁药或得喜。产于印度之香山、雪山一带。取其草汁涂身，名汁药；涂身能去患得喜，故名得喜。

③**翳形药**：亦称翳身药，即隐身药或隐形药。谓用

此药后，就能隐身形，不触及他人。

④**摩尼冠**：即用摩尼宝珠装饰起来的宝冠。

⑤**日精珠**：亦称日精摩尼。宝珠名。通称火珠。日宫殿即由此珠所成。若盲者之眼触及此珠，则其眼得开而见光。此处则说持向日光即能生起火来。

⑥**月精珠**：亦称月精摩尼。宝珠名。月宫殿即由此珠所成。谓患热毒病者触及此珠即得清凉。此处则说持向月光即能生起水来。

⑦**帝青大摩尼宝**：简称帝青宝，见前节注㉝。

⑧**映**：原作"暎"，今依日本《大正藏》本改（下同）。

⑨**由旬**：为计算里程之数目。系帝王一日行军之里程，约四十里或三十里。

译文

因此，善男子！如果有人已发阿耨多罗三藐三菩提心，就已经能生出无量的功德，能普遍摄取一切智之道。

善男子！譬如有人得到了无畏药，就能远离五种恐怖。哪五种呢？就是火不能烧，毒不能中，刀不能伤，水不能漂，烟不能熏。大菩萨也是如此，得到了一切智的菩提心药，贪火不烧，嗔毒不中，惑刀不伤，生死之流不漂，诸觉观烟不能熏害。

善男子！譬如有人得到了解脱药，最终没有飞来的横难。大菩萨也是如此，得到了菩提心解脱智之药，永离一切生死之横难。

善男子！譬如有人持有大应伽药，毒蛇闻到其药气味就全部远离而去。大菩萨也是如此，持有菩提心大应伽药，一切烦恼诸恶毒蛇，闻到其气味就全部散灭。

善男子！譬如有人持有无能胜药，一切冤敌都无能胜过他。大菩萨也是如此，持有菩提心无能胜药，就能完全降伏一切魔军。

善男子！譬如有人持有毗笈摩药，能使毒箭自然堕落。大菩萨也是如此，持有菩提心毗笈摩药，使贪、嗔、痴等一切邪见之箭自然堕落。

善男子！譬如有人持有善见药，能除去一切所有的诸病。大菩萨也是如此，持有菩提心善见药，就能全部除去一切烦恼之病。

善男子！犹如持有药树名珊陀那，有人取其树皮涂在疮口，其疮即痊愈，然而其树皮却随取随生，不可穷尽。大菩萨从菩提心生起一切智树，也是如此，如果有人得见而生起信心，一切烦恼业疮都得以消灭，而一切智树则完好如初，无所损害。

善男子！如有药树名为无生根，以其之力，增长一切阎浮提树。大菩萨的菩提心树也是如此，以其之力，增长一切有学与无学，以及一切菩萨的所有善法。

善男子！譬如有药名叫阿蓝婆，如果用来涂身，身心都具有很大能耐。大菩萨得菩提心阿蓝婆药，也是如此，能使身心都增长善法。

善男子！譬如有人得念力药，凡是所听到的事都能记忆不忘。大菩萨得菩提心的念力妙药，也都能使闻听的一切佛法，皆记忆不忘。

善男子！譬如有药名叫大莲华，有服用者，寿命长达一劫时。大菩萨服用菩提心大莲华药，也是如此，在无数的劫时中，寿命自由自在。

善男子！譬如有人持有翳形药，人与非人都不能看到他。大菩萨持有菩提心翳形妙药，一切恶魔也都看不到他。

善男子！如海中有宝珠，名为普集众宝，此珠如在海中，假如劫火把世间焚烧掉，能使此海减少一滴水的话，也没有这样的道理。大菩萨的菩提心珠，也是如此，住于菩萨的大愿海中，如果常常记住不使退失，能够毁坏菩萨一点点善根的话，终究也没有这样的道理。但如果退失菩提心，一切善根就会全部散灭。

善男子！如有摩尼宝珠名大光明，有人将此珠悬挂其身，就能遮蔽其他一切宝珠的庄严具，所有的光明都显露不出来。大菩萨的菩提心珠也是如此，悬挂其身，就能遮蔽一切二乘心宝的庄严具，使之完全失去光彩。

善男子！如水清珠，能澄清浊水。大菩萨的菩提心宝珠也是如此，能澄清一切烦恼垢浊。

善男子！譬如有人得到住水宝，系带在身上，入大海中不为海水所侵害。大菩萨也是如此，得到菩提心住水妙宝，入于一切生死海中，终究不会沉没。

善男子！譬如有人得龙宝珠，持之进入龙宫，一切龙蛇都不能危害他。大菩萨也是如此，得菩提心大龙宝珠，入欲界中，烦恼龙蛇也不能危害他。

善男子！譬如帝释天戴上了摩尼宝冠，就遮蔽了其余的一切天众。大菩萨也是如此，戴上了菩提心大愿宝冠，超过了一切三界的众生。

善男子！譬如有人得到了如意宝珠，就能灭除一切贫穷之苦。大菩萨也是如此，得菩提心如意宝珠，就能远离一切邪命和恐怖、畏惧。

善男子！譬如有人得到了日精珠，持向日光就能生起火来。大菩萨也是如此，得菩提心智日宝珠，持向智慧之光就能生起智慧之火。

善男子！譬如有人得到月精珠，持向月光就能生起水来。大菩萨也是如此，得菩提心月精宝珠，持此心珠照回向光，就能生起一切善根愿水。

善男子！譬如龙王头戴如意摩尼宝冠，就能远离一切冤敌和恐怖、畏惧。大菩萨也是如此，戴了菩提心大悲宝冠，就能远离一切恶道的诸难。

　　善男子！如有宝珠名为一切世间庄严藏，如若有人得之者，能使其所有欲望都得以充满，而此宝珠则无所损减。菩提心珠也是如此，如若得之者，就能令其所有愿望都得到满足，而菩提心则无有损减。

　　善男子！如转轮王有摩尼宝放在宫中，放大光明，破除一切黑暗。大菩萨也是如此，以菩提心大摩尼宝住于欲界，放大智光明，全部破除一切诸趣的无明黑暗。

　　善男子！譬如帝青大摩尼宝，如果有人被此宝的光明所触及，就完全和此宝的颜色一样。大菩萨的菩提心珠也是如此，以此宝观察诸法，回向善根，无不和菩提心色一样。

　　善男子！如琉璃宝，千百年来处于不清净之中，但却不为臭气、污浊所染着，因为其性本来就是清净的。大菩萨的菩提心宝也是如此，于百千劫住于欲界，但不为欲界的过患所染着，犹如清净法界一样，因为其本性就是清净的。

　　善男子！譬如有宝名为净光明，能完全遮蔽一切宝珠之色。大菩萨菩提心宝也是如此，能完全遮蔽一切凡夫和二乘之人的功德。

善男子！譬如有宝名为火焰，能全部灭除一切暗冥。大菩萨的菩提心宝也是如此，能灭除一切无知的暗冥。

善男子！譬如海中有无价之宝，商人采得，用船运载入城，城中其余摩尼宝的百千万种光彩和颜色，其价值无有能与之相比者。菩提心宝也是如此，住于生死大海之中，大菩萨乘大愿船深心连续不断，载之来进入解脱城中，二乘之人的功德没有能及之者。

善男子！如有宝珠，名为自在王，处在阎浮洲，距离日轮（太阳）、月轮（月亮）有四万由旬，但日宫、月宫中所有的庄严陈设，其珠宝全部都能影现出来。大菩萨发菩提心所得净功德宝也是如此，住于生死流转中，仍能照见法界空，佛智日月，一切功德全部都能显现出来。

善男子！如有宝珠，名为自在王，日月光明所照之处，一切财宝、衣服等物的价值，都及不上它。大菩萨发菩提心所得自在王宝也是如此，一切智的光明所照之处，三世所有的天、人、二乘的漏、无漏善等一切功德，都及不上它。

善男子！譬如海中有宝珠，名为海藏，能普遍示现海中一切庄严陈设等。大菩萨的菩提心宝也是如此，能普遍显现出一切智海的一切庄严陈设等等。

善男子！譬如天上的阎浮提金，除了心王大摩尼宝外，其余所有的宝珠，没有能及得上它的。大菩萨发菩提心的阎浮提金，也是如此，除了一切智心王大宝外，其余所有的宝物，没有能及得上它的。

原典

善男子！譬如有人善调龙法，于诸龙中而得自在。菩萨摩诃萨亦复如是，得菩提心善调龙法，于诸一切烦恼龙中而得自在。

善男子！譬如勇士被执铠仗，一切冤敌无能降伏。菩萨摩诃萨亦复如是，被执菩提大心铠仗，一切业惑诸恶冤敌无能屈伏。

善男子！譬如天上黑栴檀香，若烧一铢，其香普熏小千世界，三千世界满中珍宝，所有价直①皆不能及。菩萨摩诃萨菩提心香亦复如是，一念功德普熏法界，声闻、缘觉一切功德皆所不及。

善男子！如白栴檀，若以涂身，悉能除灭一切热恼，令其身心普得清凉。菩萨摩诃萨菩提心香亦复如是，能除一切虚妄分别、贪恚痴等诸惑热恼，令其具足智慧清凉。

善男子！如须弥山，若有近者即同其色。菩萨摩诃萨菩提心山亦复如是，若有近者，悉得同其一切智色。

善男子，譬如波利质多罗树^②其皮香气，阎浮提中，若婆师迦^③、若薝蔔迦^④、若苏摩那^⑤，如是等华所有香气皆不能及。菩萨摩诃萨菩提心树亦复如是，所发大愿功德之香，一切二乘无漏戒、定、智慧、解脱、解脱知见诸功德香悉不能及。

善男子！譬如波利质多罗树，虽未开华，应知即是无量诸华出生之处。菩萨摩诃萨菩提心树亦复如是，虽未开发一切智华，应知即是无数天人众菩提华所生之处。

善男子！譬如波利质多罗华一日熏衣，薝蔔迦华、婆利师华、苏摩那华，虽千岁熏亦不能及。菩萨摩诃萨菩提心华亦复如是，一生所熏诸功德香，普彻十方一切佛所，一切二乘无漏功德，百千劫熏所不能及。

善男子！如海岛中生椰子树，根茎枝叶及以华果，一切众生恒取受用，无时暂歇。菩萨摩诃萨菩提心树亦复如是，始从发起悲愿之心，乃至成佛正法住世，常时利益一切世间，无有间歇。

善男子！如有药汁名诃宅迦^⑥，人或得之，以其一两变千两铜，悉成真金，非千两铜能变此药。菩萨摩诃萨亦复如是，以菩提心回向智药，普变一切业惑等法，悉使成于一切智相，非业惑等能变其心。

善男子！譬如小火，随所焚烧，其焰转炽。菩萨摩诃萨菩提心火亦复如是，随所攀缘，智焰增长。

善男子！譬如一灯然百千灯，其本一灯，无减无尽。菩萨摩诃萨菩提心灯亦复如是，普然三世诸佛智灯，而其心灯无减无尽。

善男子！譬如一灯入于暗室，百千年暗悉能破尽。菩萨摩诃萨菩提心灯亦复如是，入于众生心室之内，百千万亿不可说劫，诸业烦恼种种暗障，悉能除尽。

善男子！譬如灯炷随其大小而发光明，若益膏油，明终不绝。菩萨摩诃萨菩提心灯亦复如是，大愿为炷，光照法界，益大悲油，教化众生庄严国土，施作佛事，无有休息。

善男子！譬如他化自在天王⑦，冠阎浮檀真金天冠，欲界天子诸庄严具皆不能及。菩萨摩诃萨亦复如是，冠菩提心大愿天冠，一切凡夫二乘功德皆不能及。

善男子！如狮子王哮吼之时，狮子儿闻皆增勇健，余兽闻之即皆窜伏。佛师子王菩提心吼，应知亦尔，诸菩萨闻增长功德，有所得者闻皆退散。

善男子！譬如有人以师子筋而为乐弦，其音既奏，余弦悉绝。菩萨摩诃萨亦复如是，以如来师子波罗蜜身菩提心筋为法乐弦，其音既奏，一切五欲及以二乘诸功德弦，悉皆断灭。

善男子！譬如有人以牛羊等种种诸乳，假使积集盈于大海，以师子乳一滴投中，悉皆变坏，直过无碍。菩萨摩诃萨亦复如是，以如来师子菩提心乳，着无量劫业烦恼乳大海之中，悉令坏灭，直过无碍，终不住于二乘解脱。

善男子！譬如迦陵频伽鸟⑧，在卵壳中有大势力，一切诸鸟所不能及。菩萨摩诃萨亦复如是，于生死壳发菩提心，所有大悲功德势力，声闻缘觉无能及者。

善男子！如金翅鸟王子，初始生时，目则明利，飞则劲捷，一切诸鸟虽久成长，无能及者。菩萨摩诃萨亦复如是，发菩提心为佛王子，智慧清净，大悲勇猛，一切二乘虽百千劫久修道行所不能及。

善男子！如有壮夫手执利矛，刺坚密甲，直过无碍。菩萨摩诃萨亦复如是，执菩提心铦利快矛，刺诸邪见随眠密甲，悉能穿彻，无有障碍。

善男子！譬如摩诃那伽大力勇士，若奋威怒，于其额上必生疮疱，疮若未合，阎浮提中一切人民无能制伏。菩萨摩诃萨亦复如是，若起大悲必定发于菩提之心，心未舍来，一切世间魔及魔民不能为害。

注释

①**价直**：即价值。

②**波利质多罗树**：又名波利质多树，全称波利耶怛

罗拘陀罗树。意译香遍树，又称天树王。为忉利天宫之树名。谓此树根、茎、枝、叶、华、实，一切皆香，能遍熏忉利天宫。

③**婆师迦**：又作婆利师。意译雨时花、夏生花等。花名。谓此花要至下雨季节才开，或云其花生于夏时，故名。

④**薝蔔迦**：亦作瞻波、瞻婆等。意译金色花树、黄花树等。树名。树身高大，花亦甚香，人入瞻卜林，唯闻瞻卜香，不闻余香。

⑤**苏摩那**：亦作须末那等。花名。花色黄白、甚香。树不高大，才高三四尺，枝叶下垂似盖。

⑥**诃宅迦**：亦作呵吧迦，全称呵吧迦阿罗娑。意译金色水、金光汁药。出于山中井内，有诸龙守护。其灵验甚于九转还丹之力，若有得饮，皆成仙人。

⑦**他化自在天王**：亦作他化乐天王、他化自转天王等。即六欲天之第六天王。此天王假他所化之乐事以成己乐，于他化之中得自在，故称他化自在天王。此天王为欲界之主，与色界之主摩酰首罗天王，皆为害正法之魔王，乃四魔中之天魔，有"第六天魔王"之称。佛成道时，来试障害者，即此天魔。

⑧**迦陵频伽鸟**：又作歌罗频伽鸟、迦兰频伽鸟等。意译好声鸟、美音鸟等。谓此鸟本出自雪山，在卵壳中

即能鸣，其声和雅、微妙，一切鸟声悉皆不及，听者无厌。

译文

善男子！譬如有人有善于调伏龙的方法，于一切龙中而得自在。大菩萨也是如此，得菩提心的善于调伏龙的方法，于一切烦恼龙中而得自在。

善男子！譬如勇士披铠甲、执器仗、一切冤敌都不能降伏他。大菩萨也是如此，披执着菩提大心的铠甲和器仗，一切业惑诸恶冤敌，都不能使他屈服。

善男子！譬如天上的黑旃檀香，如果烧一铢，其香能普遍熏习一小千世界，三千世界中的全部珍宝，所有价值都比不上它。大菩萨的菩提心香，也是如此。一念之间的功德，就能普熏法界，声闻、缘觉的所有功德都不及它。

善男子！如白栴檀，如果用以涂身，能够全部除灭一切热恼病，使其身心普遍得到清凉。大菩萨的菩提心香也是如此，能够除灭一切虚妄分别及贪、嗔、痴等一切烦恼热恼，使其充满智慧清凉。

善男子！如须弥山，如果靠近它，就会和它同一种颜色。大菩萨菩提心山也是如此，如果靠近它，也能得以完全同其一切智色。

善男子！譬如波利质多罗树，其树皮发出的香气，在阎浮提中如婆师迦花、薝蔔迦花、苏摩那花等所发出的全部香气，都不能及得上它。大菩萨的菩提心树也是如此，所发出的大愿功德之香，一切二乘的无漏戒、定、智慧、解脱、解脱知见等一切功德香，都不能及得上它。

善男子！譬如波利质多罗树，虽未开花，但应该知道，这却是无量的一切花的出生之处。大菩萨菩提心树也是如此，虽未开发一切智花，但应当知道，这却是无数天人的众多的菩提花所生之处。

善男子，譬如波利质多罗花熏衣一日，其他如薝蔔迦花，婆利师花、苏摩那花等，虽然熏了一千年也不能及得上它。大菩萨菩提心花也是如此，一生所熏的诸功德香，普遍飘至十方一切佛所，一切二乘的无漏功德，虽经百千劫的熏习也不能及得上它。

善男子！如海岛中生有椰子树，其根、茎、枝、叶以及花、果，一切众生经常取来食用，无有暂歇之时。大菩萨的菩提心树也是如此，从开始发起大悲、大愿之心的时候起，直至成佛，正法住世，时常利益一切世间，没有间歇之时。

善男子！如有药汁，名为诃宅迦，有人得之，以其一两药可使千两铜全部变成真金，但并非是千两铜能变成此药的。大菩萨也是如此，以菩提心回向智药，普遍变成一切业、惑等法，最后全部使之成为一切智相，但并非是业、惑等能变此心的。

善男子！譬如小火，随其焚烧，其火焰就会转盛。大菩萨菩提心火也是如此，随其攀缘，智慧之焰就会增长。

善男子！譬如一灯燃点百千灯，其根本是一灯，无所减少，亦无尽时。大菩萨菩提心灯也是如此，能普遍点燃三世诸佛智慧之灯，而其本来的心灯，无所减少，也无尽时。

善男子！譬如一灯入于暗室，百千年来所有的黑暗，全部能破尽。大菩萨菩提心灯也是如此，进入了众生心室之内，百千万亿不可以言说的无数劫，所留下的一切业烦恼和种种暗障，全部能够除尽。

善男子！譬如灯炷，随其大小而发出光明，如果添加膏油，其光明终不会绝。大菩萨菩提心灯也是如此，以大愿为炷，光明照耀法界，再添加大悲油，教化众生，庄严国土，施作佛事，无有休息。

善男子！譬如他化自在天王，戴的是阎浮檀真金的天冠，欲界天子所有庄严具都及不上他。大菩萨也是如此，戴的是菩提心大愿天冠，一切凡夫、二乘功德，都及不上他。

善男子！如狮子王吼叫之时，其狮子儿听了皆增长勇健，其他的野兽听了就都窜伏。佛狮子王菩提心吼应知亦是如此，一切菩萨听了皆增长功德，有所得者（凡夫、邪魔）听了以后就都退散。

善男子！譬如有人用狮子筋作为乐器的弦，其音演奏出来后，其余的弦就全部断绝。大菩萨也是如此，以如来狮子波罗蜜身菩提心筋为法乐器的弦，其音演奏出来后，一切五欲以及二乘一切功德之弦全部都断灭。

善男子！譬如有人以牛羊等各种各样的乳，假使全部积聚起来，倾满大海，以狮子乳一滴投于海中，牛羊等种种乳全部都变坏，狮子乳则直接通过，毫无障碍。大菩萨也是如此，以如来狮子的菩提心乳，放到无量劫时的业烦恼乳的大海之中，使它们都坏灭，而如来狮子的菩提心乳，则直接通过，毫无障碍，终究不住于二乘的解脱。

善男子！譬如迦陵频伽鸟，在卵壳中就有大势力，一切诸鸟都及不上它。大菩萨也是如此，在生死的壳中发菩提心，所有的大悲功德势力，声闻、缘觉都没有能及得上他的。

善男子！如金翅鸟王子，在其刚生出来的时候，就眼睛明利，飞翔劲捷，其他一切诸鸟，虽然久已成长，也没有能比得上它的。大菩萨也是如此，发菩提心，成为佛王子，智慧清净，大悲勇猛，一切二乘之人，虽然经过百千劫时，久修道行，也不能及他。

善男子！如有强壮之人，手执锐利之矛，刺坚固的铠甲，直通而过，毫无阻碍。大菩萨也是如此，执菩提心锋利的快矛，刺那一切邪见、随眠烦恼，均能穿透，毫无障碍。

善男子！譬如摩诃那伽大力勇士，如果奋起威怒，在其额上必然生起疮疱，这疮疱如果没有愈合，阎浮提中一切人民都不能制伏他。大菩萨也是如此，如果起大悲心，必定是发之于菩提之心，心未舍时，一切世间之魔及其魔民，都不能危害于他。

原典

善男子！譬如射师，有诸弟子，虽未惯习其师技艺，然其智慧方便善巧，余一切人所不能及。菩萨摩诃萨初始发心亦复如是，虽未惯习一切智行，然其所有愿智解欲，一切世间凡夫二乘悉不能及。

善男子！如人学射，先安其足，后习其法。菩萨摩诃萨亦复如是，欲学如来一切智道，先当安住菩提之心，然后修行一切佛法。

善男子！譬如幻师，将作幻事，先当起意，忆持幻法，然后所作悉得成就。菩萨摩诃萨亦复如是，将起一切诸佛菩萨神通幻事，先当起意发菩提心，然后一切悉得成就。

善男子！譬如幻术，无色现色。菩萨摩诃萨菩提心相亦复如是，虽无有色，不可睹见，然能普于十方法界示现种种功德庄严。

善男子！譬如猫狸①，才见于鼠，鼠即入穴，不敢复出。菩萨摩诃萨发菩提心亦复如是，暂以慧眼观诸惑业，皆即窜匿不复出生。

善男子！譬如有人着阎浮金庄严之具，映蔽一切，皆如聚墨。菩萨摩诃萨亦复如是，着菩提心庄严之具，映蔽一切，凡夫二乘功德庄严悉无光色。

善男子！如好磁石，少分之力，即能吸坏诸铁钩锁。菩萨摩诃萨发菩提心亦复如是，若起一念，悉能坏灭一切见欲无明钩锁。

善男子！如有磁石，铁若见之，即皆散去，无留住者。菩萨摩诃萨发菩提心亦复如是，诸业烦恼，二乘解脱，若暂见之，即皆散灭，亦无住者。

善男子！譬如有人善入大海，一切水族无能为害，假使入于摩竭鱼②口，亦不为彼之所吞噬。菩萨摩诃萨亦复如是，发菩提心，入生死海，诸业烦恼不能为害，假使入于声闻、缘觉实际法中，亦不为其之所留难。

善男子！譬如有人饮甘露浆，一切诸物不能为害。菩萨摩诃萨亦复如是，饮菩提心甘露法浆，不堕声闻辟支佛地，以具广大悲愿力故。

善男子！譬如有人得安缮那药③，以涂其目，虽行人间，人所不见。菩萨摩诃萨亦复如是，得菩提心安缮那药，能以方便入魔境界，一切众魔所不能见。

善男子！譬如有人依附于王，不畏余人。菩萨摩诃萨亦复如是，依菩提心大势力王，不畏障盖恶道之难。

善男子！譬如有人住于水中，不畏火焚。菩萨摩诃萨亦复如是，住菩提心善根水中，不畏二乘解脱智火。

善男子！譬如有人依倚猛将，即不怖畏一切冤敌。菩萨摩诃萨亦复如是，依菩提心勇猛大将，不畏一切恶行冤敌。

善男子！如释天王执金刚杵④，摧伏一切阿修罗众。菩萨摩诃萨亦复如是，持菩提心金刚之杵，摧伏一切诸魔外道。

善男子！譬如有人服延龄药，长得充健，不老不瘦。菩萨摩诃萨亦复如是，服菩提心延龄之药，于无数劫修菩萨行，心无疲厌，亦无染着。

善男子！譬如有人调和药汁，必当先取好清净水。菩萨摩诃萨亦复如是，欲修菩萨一切行愿，先当发起菩提之心。

善男子！如人护身，先护命根。菩萨摩诃萨亦复如是，护持佛法，亦当先护菩提之心。

善男子！譬如有人命根若断，不能利益父母宗亲。菩萨摩诃萨亦复如是，舍菩提心，不能利益一切众生，不能成就诸佛功德。

善男子！譬如大海，无能坏者。菩提心海亦复如是，诸业烦恼二乘之心所不能坏。

善男子！譬如日光，星宿光明不能映蔽。菩提心日亦复如是，一切二乘无漏智光所不能蔽。

善男子！如王子初生，即为大臣之所尊重，以种性自在故。菩萨摩诃萨亦复如是，于佛法中发菩提心，即为耆宿久修梵行，声闻、缘觉所共尊重，以大悲自在故。

善男子！譬如王子，年虽幼稚，一切大臣皆悉敬礼。菩萨摩诃萨亦复如是，虽初发心修菩萨行，二乘耆旧皆应敬礼。

善男子！譬如王子，虽于一切臣佐之中未得自在，已具王相，不与一切诸臣佐等，以生处尊胜故。菩萨摩诃萨亦复如是，虽于一切业烦恼中未得自在，然已具足菩提之相，不与一切二乘齐等，以种性第一故。

注释

①猫狸：猫和狸的合称。"狸"，即山猫、野猫，亦

称豹猫。猫和狸，均捕鼠为食。

②**摩竭鱼**：亦称摩伽罗鱼。意译大鱼、鲸鱼。被视作与鳄鱼、鲨鱼、海豚等同类，是鱼中之王。

③**安缮那药**：亦作安阇那药、安禅那药、安膳那药等。一说为眼药名，其色青黑。一说为一种植物，其叶可和合眼药使用。将其涂于眼睑四周，使眼部青黑，他人即无法辨认。

④**金刚杵**：原为印度之兵器。佛教用以表示坚利之智，断烦恼，伏恶魔。其两头单独者，称独股；分三支者，称三股；分五支者，称五股；分九支者，称九股。以金石或木材作之，有大、中、小三品。

译文

善男子！譬如射师，有许多弟子，虽然还没有精通其师的技艺，然其智慧和方便善巧，其他的一切人都比不上他。大菩萨一开始初发心，也是如此，虽然还没有精通一切智行，但其所具有的愿力、智慧、解悟、志欲，是一切世间凡夫和二乘之人都不能及的。

善男子！如人学习射箭之术，必须先安放好其足，然后再学习其射箭的方法。大菩萨也是如此，想要学习如来的一切智道，先要安住菩提之心，然后再修行一切佛法。

善男子！譬如幻师，在做幻事之前，先要起意念，记忆住幻法，然后再去做，就会全部得以成就。大菩萨也是如此，将要发起一切诸佛菩萨的神通幻变之事时，首先应当起意发菩提心，然后一切都能全部得到成就。

善男子！譬如幻化之术，无色可以现色。大菩萨的菩提心相，也是如此，虽然无色，不能看见，然而能够普遍于十方法界中示现种种功德庄严之相。

善男子！譬如猫和狸，一看到老鼠，老鼠就逃进洞穴中，不敢再出来。大菩萨发菩提心，也是如此，只要用慧眼看一切惑业，这些惑业立即窜匿，不再生起。

善男子！譬如有人佩戴了阎浮金庄严之具，就能映蔽一切，都像聚墨一样漆黑。大菩萨也是如此，佩戴了菩提心庄严之具，映蔽一切，所有凡夫、二乘之人的功德庄严，全都没有了光色。

善男子！如好的磁石，只要稍用一点力，就能吸坏一切铁钩、铁锁。大菩萨发菩提心也是如此，只要起一念，就能全部破坏、毁灭一切见欲、无明等钩、锁。

善男子！如有磁石，铁如果看见了，就全部散去，没有留下来的。大菩萨发菩提心也是如此，一切业、烦恼、二乘解脱，一见即皆散灭，也没有停住的。

善男子！譬如有人善入大海，一切水生动物都不能加害于他，即使是入于凶恶的摩竭鱼口中，也不会被它所吞噬。大菩萨也是如此，发菩提心，入生死之海，一切诸业烦恼都不能加害于他，即使是入于声闻、缘觉的实际法中，也不会为其所留难。

善男子！譬如有人饮甘露浆，一切诸物都不能加害于他。大菩萨也是如此，饮了菩提心甘露法浆，就不再堕入声闻、辟支佛地，因为是具有了广大的悲愿之力。

善男子！譬如有人得到安缮那药，将其涂于眼睛上，虽在人群中行走，其他人都看不见他。大菩萨也是如此，得菩提心安缮那药，能以善巧的方法进入恶魔境界，一切恶魔都看不见他。

善男子！譬如有人依附于国王，就不再怕其他人。大菩萨也是如此，依附于菩提心大势力王，就不再怕遭受障、盖等恶道之难。

善男子！譬如有人住于水中，不怕火焚烧。大菩萨也是如此，住于菩提心善根水中，不怕二乘之人的解脱智火。

善男子！譬如有人依靠猛将，就不再恐怖、畏惧一切冤敌。大菩萨也是如此，依靠菩提心勇猛大将，不畏一切恶行冤敌。

善男子！如帝释天王执金刚杵，摧伏一切阿修罗众。大菩萨也是如此，执菩提心金刚之杵，摧伏一切诸魔外道。

善男子！譬如有人服用延龄药，长得壮实健康，不老也不瘦。大菩萨也是如此，服用菩提心延龄之药，于无量的劫时中修菩萨行，心不疲倦、厌烦，亦无染着。

善男子！譬如有人调和药汁，必将先取好的清净之水。大菩萨也是如此，要修习菩萨的一切行愿，将先发起菩提之心。

善男子！如人保护身体，先要保护命根。大菩萨也是如此，要护持佛法，亦将先保护菩提之心。

善男子！譬如有人命根如果断了，就不能利益父母宗亲。大菩萨也是如此，舍离菩提心，就不能利益一切众生，也不能成就诸佛功德。

善男子！譬如大海，没有人能够毁坏它。菩提心海也是如此，一切业烦恼和二乘人之心都不能毁坏它。

善男子！譬如日光，一切星宿的光明都不能映蔽它。菩提心日也是如此，一切二乘之人的无漏智光都不能映蔽它。

善男子！如王子刚生下来，就为一切大臣们所尊重，因为种性尊贵自在。大菩萨也是如此，于佛法中刚发菩提心，就为耆宿和久修梵行的声闻、缘觉等所共同尊重，因为大悲心得自在。

善男子！譬如王子，年虽幼稚，一切大臣们全都向之敬礼。大菩萨也是如此，虽初发心修菩萨行，二乘之人及耆宿都应向之敬礼。

善男子！譬如王子，虽在一切臣僚之中尚未得自在，但已具有王的相貌，不与一切臣僚相同，因为其出生尊贵。大菩萨也是如此，虽在一切业烦恼中尚未得自在，但已充满了菩提之相，不与一切二乘之人相等同，因为种性第一。

原典

善男子！譬如清净摩尼妙宝，眼有翳故，见为不净。菩萨摩诃萨菩提心宝亦复如是，无智不信，谓为不净。

善男子！譬如有药，为咒所持，若有众生见闻同住，一切诸病皆得消灭。菩萨摩诃萨菩提心药亦复如是，一切善根智慧方便，菩萨愿智共所摄持，若有众生见闻同住忆念之者，诸烦恼病悉得除灭。

善男子！譬如有人常持甘露，其身毕竟不变不坏。菩萨摩诃萨亦复如是，若常忆持菩提心甘露，令愿智身毕竟不坏。

善男子！如机关木人①，若无有楔，身即离散，不能运动。菩萨摩诃萨亦复如是，无菩提心，行即分散，不能成就一切佛法。

善男子！如转轮王有沉香宝，名曰象藏。若烧此香，王四种兵悉腾虚空。菩萨摩诃萨菩提心香亦复如是，若发此意，即令菩萨一切善根永出三界，行如来智无为空中。

善男子！譬如金刚，唯从金刚处及金处生，非余宝处生。菩萨摩诃萨菩提心金刚亦复如是，唯从大悲救护众生金刚处、一切智智殊胜境界金处而生，非余众生善根处生。

善男子！譬如有树名曰无根，不从根生而枝叶华果悉皆繁茂。菩萨摩诃萨菩提心树亦复如是，无根可得而能长养一切智智神通大愿，枝叶华果扶疏②荫映，普覆世间。

善男子！譬如金刚，非劣恶器及以破器所能容持，唯除全具上妙之器。菩提心金刚亦复如是，非下劣众生悭嫉、破戒、懈怠、妄念无智器中所能容持，亦非退失殊胜志愿、散乱、恶觉众生器中所能容持，唯除菩萨深心宝器。

善男子！譬如金刚能穿众宝。菩提心金刚亦复如是，悉能穿彻一切法宝。

善男子！譬如金刚能坏众山。菩提心金刚亦复如是，悉能摧坏诸邪见山。

善男子！譬如金刚，虽破不全，一切众宝犹不能及。

菩提心金刚亦复如是，虽复志劣有亏损，犹胜一切二乘功德。

善男子！譬如金刚虽有损缺，犹能除灭一切贫穷。菩提心金刚亦复如是，虽有损缺，不进诸行，犹能舍离一切生死。

善男子！如少金刚，悉能破坏一切诸物。菩提心金刚亦复如是，入少境界，即破一切无知诸惑。

善男子！譬如金刚，非凡人所得。菩提心金刚亦复如是，非劣意众生之所能得。

善男子！譬如金刚，不识宝人不知其能，不得其用。菩提心金刚亦复如是，不知法人，不了其能，不得其用。

善男子！譬如金刚，无能销灭。菩提心金刚亦复如是，一切诸法无能销灭。

善男子！如金刚杵，诸大力人皆不能持，唯除有大那罗延力。菩提之心亦复如是，一切二乘皆不能持，唯除菩萨广大因缘坚固善力。

善男子！譬如金刚，一切诸物无能坏者，而能普坏一切诸物，然其体性无所损减。菩提之心亦复如是，普于三世无数劫中，教化众生修行苦行③，声闻、缘觉所不能者，咸能作之，然其毕竟无有疲厌，亦无损坏。

善男子！譬如金刚，余不能持，唯金刚地之所能持。菩提之心亦复如是，声闻、缘觉皆不能持，唯除趣向萨婆若④者。

善男子！如金刚器，无有瑕缺，用盛于水，永不渗漏而入于地。菩提心金刚器亦复如是，盛善根水，永不渗漏令入诸趣。

善男子！如金刚际，能持大地不令坠没。菩提之心亦复如是，能持菩萨一切行愿，不令坠没入于三界。

善男子！譬如金刚，久处水中，不烂不湿。菩提之心亦复如是，于一切劫，处在生死业惑水中，无坏无变。

善男子！譬如金刚，一切诸火不能烧燃，不能令热。菩提之心亦复如是，一切生死诸烦恼火不能烧燃，不能令热。

善男子！譬如三千世界之中金刚座上，能持诸佛坐于道场，降伏诸魔，成等正觉，非是余座之所能持。菩提心座亦复如是，能持菩萨一切愿行诸波罗蜜，诸忍⑤、诸地⑥、回向⑦、受记⑧，修习菩提助道之法，供养诸佛，闻法受行，一切余心所不能持。

善男子！菩提心者，成就如是无量无边乃至不可说不可说殊胜功德。若有众生发阿耨多罗三藐三菩提心，则获如是胜功德法。

是故，善男子！汝获善利，汝发阿耨多罗三藐三菩提心，求菩萨行，已得如是大功德故。

善男子！如汝所问，菩萨云何学菩萨行？修菩萨道？

善男子！汝可入此毗卢遮那庄严藏大楼阁中，周遍观察，则能了知学菩萨行。学已，成就无量功德。

注释

①**机关木人**：即用机关启动的木头人。

②**扶疏**：谓枝叶茂盛分披的样子。

③**苦行**：指断除肉体欲望，堪忍诸种难忍之苦行。佛教中的苦行，称为头陀行。释尊曾修苦行六年，日食一麻一麦。后世佛教中的布施、慈悲等，以佛道为目的之难行、荒行，均称之为苦行。

④**萨婆若**：亦作萨云若、萨婆若多等。为般若波罗蜜之异名。即一切种智。乃诸佛究竟圆满果位之智。此智无法不通。亦即世间、出世间种种法无不了知之智。

⑤**诸忍**：指一切忍法，一般称三法忍：音响忍、柔顺忍、无生法忍。

⑥**诸地**：指大乘十地。

⑦**回向**：指以一切所修之善根功德，向于众生，向于佛道。

⑧**受记**：指从佛受当来必当作佛之记别。

译文

善男子！譬如清净摩尼妙宝，如果眼睛有翳的人，见之认为不清净。大菩萨的菩提心宝也是如此，如是无智不信之人，说是不清净。

善男子！譬如有药，为陀罗尼咒所执持，如有众生见到、听到，同住一起，一切诸病都得以消灭。大菩萨菩提心药也是如此，为一切善根、智慧、方便、菩萨愿智所共同摄持，如有众生见到、听到、同住一起、记忆到的，一切烦恼病全部得以消灭。

善男子！譬如有人常常持有甘露，其身永远不变不坏。大菩萨也是如此，如果经常忆持菩提心甘露，就能使愿智之身永远不坏。

善男子！如木头机器人，如果没有楔子连接起来，木头机器人之身就要离散，不能运动。大菩萨也是如此，没有菩提心，菩萨之行就要分散，不能成就一切佛法。

善男子！如转轮王有沉香宝，名叫象藏，如果焚烧此香，转轮王的四种兵全部腾飞虚空。大菩萨的菩提心香也是如此，如果发此心香之念，就能使菩萨一切善根永远出离三界，行于如来智的无为空中。

善男子！譬如金刚，只是从金刚之处或金之处产生，不从其余的珍宝处生。大菩萨的菩提心金刚也是如此，只是从大悲救护众生金刚处或一切智智殊胜境界金处而生，不从其余的众生善根处生。

善男子！譬如有树，名叫无根，虽不从根生而枝、叶、花、果都很繁茂。大菩萨的菩提心树也是如此，无根可得，而能长养一切智智的神通大愿，枝、叶、花、果，茂盛分披，其荫互映，普覆世间。

善男子！譬如金刚，不是劣质的、破旧的器具所能存放的，必须要全具上妙之器。菩提心金刚也是如此，不是下劣众生的悭嫉、破戒、懈怠、妄念等无智器中所能存放的，也不是退失殊胜志愿、散乱、恶觉的众生器中所能存放的，一定要菩萨的深心宝器才行。

善男子！譬如金刚能穿透众宝。菩提心金刚也是如此，完全能穿透一切法宝。

善男子！譬如金刚能破坏众山。菩提心金刚也是如此，完全能摧毁一切的邪见之山。

善男子！譬如金刚，虽已破损而不完全，但其他一切众宝犹及不上它。菩提心金刚也是如此，虽有志劣之人。稍有不足，但犹胜过一切二乘之人的功德。

善男子！譬如金刚，虽有缺损，犹能灭除一切贫穷。菩提心金刚也是如此，虽有缺损，不能进修诸菩萨行，但犹能舍离一切生死。

善男子！如一小部分的金刚，都能破坏一切诸物。菩提心金刚也是如此，入于一小部分境界，就能破除一切无知的诸烦恼。

善男子！譬如金刚，不是凡人所能得到的。菩提心金刚也是如此，不是下劣的众生所能得到的。

善男子！譬如金刚，不识宝的人不知其功能，不能得其所用。菩提心金刚也是如此，不知佛法的人，不了解其功能，不能得其所用。

善男子！譬如金刚，不能销毁和消灭。菩提心金刚也是如此，一切诸法都不能将它销毁和消灭。

善男子！如金刚杵，一切有大力气的人都不能持有它，只有具有大那罗延之力才能持有它。菩提之心也是如此，一切二乘之人都不能持有它，只有菩萨具有广大因缘的坚固善力才能持有它。

善男子！譬如金刚，一切诸物都不能毁坏它，它却能普遍毁坏一切诸物，而其体性无所损减。菩提之心也是如此，普遍于三世的无数劫时中，教化众生修行一切苦行，声闻、缘觉所不能做到的，它都能做到，然而它永远没有疲厌，也没有损坏。

善男子！譬如金刚，其他各地都不能持有，只有金刚地能够持有。菩提之心也是如此，声闻、缘觉都不能持有，只有趣向般若波罗蜜之人才能持有。

善男子！如金刚器，没有瑕疵，用于盛放水，永不渗漏入地。菩提心金刚器也是如此，盛放善根之水，永不渗漏使之入于诸趣。

善男子！如金刚的边际，能保持大地不使之坠没。菩提之心也是如此，能保持菩萨的一切行愿，不使之坠没于三界之中。

善男子！譬如金刚，虽久处水中，不腐烂也不潮湿。菩提之心也是如此，于一切劫时，在生死业惑水中，不坏也不变。

善男子！譬如金刚，一切诸火都不能使其燃烧，也不能使其发热。菩提之心也是如此，一切生死的烦恼之火，都不能使其燃烧，也不能使其发热。

善男子！譬如三千世界之中的金刚座上，能使诸佛坐于道场，降伏诸恶魔，成就正等正觉，这不是其他的座位所能够做到的。菩提心座也是如此，能保持菩萨一切愿行，如诸波罗蜜、诸忍、诸地、回向、受记、修习菩提助道之法、供养诸佛、闻法受行等，一切其他心所都不能做到这样。

善男子！菩提心能够成就这样无量无边乃至不可以用言语来述说的殊胜功德。如果有众生能够发阿耨多罗三藐三菩提心，就能够获得这样的殊胜功德法。

因此，善男子！你已获得了善利，你发了阿耨多罗三藐三菩提心，求得了菩萨行，已得到这样的大功德。

　　善男子！正如你所问的，菩萨怎样学菩萨行？怎样修菩萨道？你可以进入这毗卢遮那庄严藏大楼阁中，周遍观察，就能了解和知道学菩萨行的事。学了以后，就能成就无量功德等事。

4　入法界品第三十九之二十一

原典

　　尔时，善财童子依弥勒菩萨摩诃萨教，渐次而行，经由一百一十余城已，到普门国苏摩那城①，住其门所。思惟文殊师利，随顺观察，周旋求觅，稀欲奉觐。

　　是时文殊师利②遥伸③右手，过一百一十由旬，按善财顶，作如是言：善哉！善哉！善男子！若离信根④，心劣忧悔，功行不具，退失精勤。于一善根心生住着，于少功德便已为足，不能善巧发起行愿，不为善知识之所摄护，不为如来之所忆念。不能了知如是法性，如是理趣，如是法门，如是所行，如是境界。若周遍知，若种种知，若尽源底，若解了，若趣入，若解说，若分别⑤，若证知，若获得，皆悉不能。

是时文殊师利宣说此法，示教利喜⑥。令善财童子成就阿僧祇法门，具足无量大智光明。令得菩萨无边际陀罗尼，无边际愿，无边际三昧，无边际神通，无边际智。令入普贤行道场⑦，及置善财自所住处，文殊师利还摄不现。

　　于是善财思惟观察，一心愿见文殊师利，及见三千大千世界⑧微尘数诸善知识，悉皆亲近恭敬承事，受行其教，无有违逆。增长趣求一切智慧，广大悲海，益大慈云，普观众生，生大欢喜。安住菩萨寂静法门，普缘一切广大境界，学一切佛广大功德。入一切佛决定知见，增一切智助道之法。善修一切菩萨深心⑨，知三世佛出兴次第。入一切法海，转一切法轮，生一切世间。入于一切菩萨愿海，住一切劫修菩萨行，照明一切如来境界，长养一切菩萨诸根，获一切智，清净光明，普照十方，除诸暗障，智周法界。于一切佛刹、一切诸有，普现其身，靡不周遍。摧一切障，入无碍法，住于法界平等之地，观察普贤解脱境界⑩。即闻普贤菩萨⑪摩诃萨名字、行愿、助道⑫、正道⑬、诸地⑭。地、方便地、入地、胜进地、住地、修习地、境界地、威力地，同住渴仰，欲见普贤菩萨，即于此金刚藏菩提场⑮，毗卢遮那如来师子座前，一切宝莲华藏座上，起等虚空界广大心。舍一切刹，离一切着无碍心，普行一切无碍法、无碍心，遍入一切十方海无碍心，普入一切智境界清净心，观道场庄严明了心，入一切佛法海广大心，化一切众生界周遍心，净一切国土无量心，住一切劫无尽心，趣如来十力究竟心。

善财童子起如是心时，由自善根力，一切如来所加被力，普贤菩萨同善根力故，见十种瑞相。何等为十？所谓见一切佛刹清净，一切如来成正等觉；见一切佛刹清净，无诸恶道；见一切佛刹清净，众妙莲华以为严饰；见一切佛刹清净，一切众生身心清净；见一切佛刹清净，种种众宝之所庄严；见一切佛刹清净，一切众生诸相严身；见一切佛刹清净，诸庄严云以覆其上；见一切佛刹清净，一切众生互起慈心，递相利益，不为恼害；见一切佛刹清净，道场庄严；见一切佛刹清净，一切众生心常念佛，是为十。

又见十种光明相。何等为十？所谓见一切世界所有微尘，一一尘中出一切世界微尘数佛光明网云，周遍照耀；一一尘中出一切世界微尘数佛光明轮云，种种色相，周遍法界；一一尘中出一切世界微尘数佛色像宝云，周遍法界；一一尘中出一切世界微尘数佛光焰轮云，周遍法界；一一尘中出一切世界微尘数众妙香云，周遍十方，称赞普贤一切行愿大功德海；一一尘中出一切世界微尘数日月星宿云，皆放普贤菩萨光明，遍照法界；一一尘中出一切世界微尘数一切众生身色像云，仿佛光明遍照法界；一一尘中出一切世界微尘数一切佛色像摩尼云，周遍法界；一一尘中出一切世界微尘数菩萨身色像云，充满法界，令一切众生皆得出离，所愿满足；一一尘中出一切世界微尘数如来身色像云，说一切佛广大誓愿，周遍法界，是为十。

注释

①**普门国苏摩那城**：佛经中说为文殊师利所居之处。

②**文殊师利**：亦称曼殊室利，略称文殊，意译妙德、妙吉祥等。中国佛教的四大菩萨之一。为释迦牟尼佛的左胁侍，专司"智慧"。头顶结五髻，手持宝剑，表示智慧锐利。坐骑为狮子，表示智慧威猛。中国山西五台山，相传是其示现说法的道场。

③**伸**：原作"申"，今依日本《大正藏》本改。

④**信根**：五根之一。即信三宝、四谛，此为佛法之根本，故称信根。

⑤**分别**：谓思量识别一切事物之理，即分析、辨别的意思。

⑥**示教利喜**：为示、教、利、喜之并称。即佛陀说法教化之四种次第。"示"即显示其义，如示人之善与不

善，示事之应行与不应行，或分别生死与涅槃、三乘与六波罗蜜等义。"教"即教导，如教导众生舍恶行善等。"利"即获得义利，如在众生未得善法之味时，为免其心退，即导之以勤苦修行，则可得法味大利益。"喜"即欢喜行成，即随众生所行而赞叹之，使其心喜。

⑦**普贤行道场**：即普贤修行的道场。

⑧**三千大千世界**：古代印度人之宇宙观，佛经中常用之。谓以须弥山为中心，周围环绕四大洲及九山八海，称为一小世界，乃自色界之初禅天至大地底下之风轮，其中包括日、月、须弥山、四天王天、三十三天、夜摩天、兜率天、乐变化天、他化自在天、梵世天等。一千个小世界集成一个小千世界，一千个小千世界集成一个中千世界，一千个中千世界集成一个大千世界。此大千世界因由小、中、大三种千世界所集成，故称三千大千世界。

⑨**深心**：三心之一。其义多解。一般指深求佛道之心。或指扫除犹豫不定而对佛法真正确信之心，或指乐集诸功德善行而深信爱乐之心。

⑩**普贤解脱境界**：即普贤获得解脱的境界。

⑪**普贤菩萨**：音译三曼多跋陀罗菩萨。亦称遍吉菩萨。中国佛教的四大菩萨之一。为释迦牟尼佛的右胁侍，专司"理"德。坐骑为六牙白象。因此菩萨之身相及功

德遍一切处，纯一妙善，故称普贤。中国四川峨嵋山，相传是其示现说法的道场。

⑫**助道**：即各种道品，能资助止观，故名助道。

⑬**正道**：指中正之道，即趣向涅槃的正直之道。亦即无漏的正真之道，如正见、正业等八正道即是。

⑭**诸地**：即菩萨十地等。

⑮**金刚藏菩提场**：意谓如金刚一样坚固的成就佛道之地。

译文

这时候，善财童子遵照弥勒大菩萨的教导，循序而行，经过了一百一十余座城市，到达普门国的苏摩那城，停留于文殊师利的门口，思维文殊师利，顺便进行观察，向四周寻觅，希望能够觑见。

此时文殊师利远远地伸出右手，越过了一百一十由旬的路程，按住善财童子的头顶，说道：好极了！好极了！善男子！如果离开了信佛之根本，就会心境下劣，忧愁追悔，功行不具，不再精勤用功。对于一点点善根就心生住着，对于极少的功德就已感到满足，不能善巧地发起广大行愿，也不能为善知识所摄受、佑护。不为如来所忆念，也就不能了知本来如此的法性、如此的理趣、如此的法门、如此的修行、如此的境界。还有像普遍的知见、像各种各样的知见、像穷尽源底、像明白解了、像趣入、像解说、像分析辨别、像证知、像获得等，都完全不能。

此时文殊师利菩萨就宣说此法，显示其义，教导善财，使获得义利，心生欢喜。使善财童子成就无量无数的法门，圆满具足无量的大智光明。使他得到菩萨无限的陀罗尼、无限的大愿、无限的三昧、无限的神通、无限的智慧。使他进入普贤修行的道场，同时安置好善财童子自己的住处，而文殊师利则仍旧隐而不现。

于是善财童子就思考、观察，一心要想见到文殊师利，同时还想见到三千大千世界中像微尘数那样多的善知识，全部亲近他们，恭敬地侍奉他们，接受和实行他们的教导，不加违背。发心增长求取一切智慧，增广大悲海，增益大慈云，普遍观察众生，生大欢喜。安住于菩萨的寂静法门，普遍攀缘一切广大境界，学习一切诸佛的广大功德。进入一切诸佛的决定知见，增长一切智的助道之法。善于修习一切菩萨的深求佛道之心，了知三世诸佛的出兴次第。进入一切法海，转动一切法轮，生于一切世间。进入一切菩萨的愿海，安住于一切劫时，修菩萨之行，照明一切如来的境界，长养一切菩萨的诸善根，得一切智，清净光明，普遍照耀十方世界，灭除一切暗障，智慧周遍一切法界。于一切佛国土、一切生死流转中，普遍示现其身，无不周遍。摧灭一切烦恼之障，进入无碍法门，住于法界平等之地，观察普贤菩萨的解脱境界。当即能闻普贤大菩萨的名字、广大行愿、助道之法、趣向涅槃的真正之道、一切诸地之地、善巧方便之地、进入诸地、进一步证入诸地、住于诸地、修习于诸地、入于普贤境界之地、普贤威力之地等。同时产生渴仰，想要见到普贤菩萨，就在此金刚藏菩提场的毗卢遮那佛师子座前，一切宝莲花藏座上，发起和虚空界一样的广大心，舍离一切国土、远离一切贪着无碍之心，普遍修行一切无碍法、无碍心，普遍进入一切十方海的无碍心，普遍进入一切智境界的清净心，观察道场庄严的明了心，进入一切佛法海的广大心，化度一切众生界的周遍心，清净一切国土的无量心，住于一切劫时的无尽心，趣向如来十力的究竟心等。

善财童子生起这样的心时，由于自己的善根之力，一切如来所加被之力，以及和普贤菩萨相同的善根之力，所以见有十种瑞相。哪十种？所谓见一切佛国土清净，一切如来成正等觉；见一切佛国土清净，没有一切恶道；见一切佛国土清净，用许多妙莲花加以装饰而成；见一切佛国土清净，一切众生的身心也都清净；见一切佛国土清净，用各种各样的珍宝加以装饰而成；见一切佛国土清净，一切众生的形与相都是庄严之身；见一切佛国土清净，一切庄严云都覆盖在其国土之上；见一切佛国土清净，一切众生都互相起慈悲之心，相互利益对方，不做恼害他人之事；见一切佛国土清净，道场庄严；见一切佛国土清净，一切众生心常念佛。就是这十种。

又见有十种光明相。哪十种？所谓见一切世界的所有微尘，每一个微尘中示现出像一切世界微尘数那样多如云海的佛光明网目，普遍照耀；每一个微尘中示现出一切世界微尘数那样多如云海的佛光明轮，种种色相周遍于整个法界；每一个微尘中示现出一切世界微尘数那样多如云海的佛色身像宝，周遍于整个法界；每一个微尘中示现出一切世界微尘数那样多的佛发出如云海的光焰轮，周遍于整个法界；每一个微尘中示现出一切世界微尘数那样多如云海的许多妙香，周遍于十方世界，称赞普贤一切行愿的广大功德；每一个微尘中示现出一切世界微尘数那样多如云海的日月星宿，均放出普贤菩萨的光明，普遍照耀法界；每一个微尘中示现出一切世界微尘数那样多如云海的一切众生身色相，放出佛的光明，普遍照耀法界；每一个微尘中示现出一切世界微尘数那样多如云海的一切佛色身像如摩尼宝，周遍整个法界；每一个微尘中示现出一切世界微尘数那样多如云海的菩萨色身像，充满一切法界，使一切众生都出离生死，所立誓愿都得到满足；每一个微尘中示现出一切世界微尘数那样多如云海的如来身色相，说一切佛的广大誓愿，周遍整个法界。就是这十种。

原典

时善财童子见此十种光明相已，即作是念：我今必见普贤菩萨，增益善根，见一切佛。于诸菩萨广大境界，生决定解①，得一切智。

于时善财普摄诸根，一心求见普贤菩萨，起大精进心无退转，即以普眼观察十方一切诸佛诸菩萨众，所见境界，皆作得见普贤之想。以智慧眼观普贤道，其心广大，犹如虚空，大悲坚固，犹如金刚。愿尽未来常得随逐普贤菩萨，念念随顺修普贤行，成就智慧入如来境，住普贤地②。

时善财童子即见普贤菩萨在如来前众会之中，坐宝莲华师子之座，诸菩萨众所共围绕，最为殊特，世无与等，智慧境界，无量无边，难测难思，等三世佛，一切菩萨无能观察。

见普贤身——毛孔出一切世界微尘数光明云③，遍法界虚空界④，一切世界，除灭一切众生苦患，令诸菩萨生大欢喜。见一一毛孔出一切佛刹微尘数种种色香焰云，遍法界虚空界，一切诸佛众会道场，而以普熏。

见一一毛孔出一切佛刹微尘数杂华云，遍法界虚空界，一切诸佛众会道场，雨众妙华。见一一毛孔出一切佛刹微尘数香树云，遍法界虚空界，一切诸佛众会道场，雨众妙香。见一一毛孔出一切佛刹微尘数妙衣云，遍法界虚空界，一切诸佛众会道场，雨众妙衣。

见一一毛孔出一切佛刹微尘数宝树云，遍法界虚空界，一切诸佛众会道场，雨摩尼宝。见一一毛孔出一切佛刹微尘数色界天身云，充满法界，叹菩提心。见一一毛孔出一切佛刹微尘数梵天身云，劝诸如来，转妙法轮。

见一一毛孔出一切佛刹微尘数欲界天王身云，护持一切如来法轮。见一一毛孔念念中出一切佛刹微尘数三世佛刹云，遍法界虚空界，为诸众生无归趣⑤者，为作归趣，无覆护⑥者，为作覆护，无依止者，为作依止。见一一毛孔念念中出一切佛刹微尘数清净佛刹云，遍法界虚空界，一切诸佛于中出世，菩萨众会悉皆充满。

见一一毛孔念念中出一切佛刹微尘数净不净佛刹云，遍法界虚空界，令杂染众生皆得清净。见一一毛孔念念中出一切佛刹微尘数不净净佛刹云，遍法界虚空界，令杂染众生皆得清净。见一一毛孔念念中出一切佛刹微尘数不净佛刹云，遍法界虚空界，令纯染众生皆得清净。

见一一毛孔念念中出一切佛刹微尘数众生身云，遍法界虚空界，随其所应教化众生，皆令发阿耨多罗三藐三菩提心。见一一毛孔念念中出一切佛刹微尘数菩萨身云，遍法界虚空界，称扬种种诸佛名号，令诸众生增长善根。见一一毛孔念念中出一切佛刹微尘数菩萨身云，遍法界虚空界，一切佛刹，宣扬一切诸佛菩萨从初发意所生善根。

见一一毛孔念念中出一切佛刹微尘数菩萨身云，遍法界虚空界，于一切佛刹一一刹中，宣扬一切菩萨愿海及普贤菩萨清净妙行。见一一毛孔念念中出普贤菩萨行云，令一切众生心得满足，具足修习一切智道。见一一毛孔出一切佛刹微尘数正觉身云，于一切佛刹现成正觉，令诸菩萨增长大法，成一切智。

注释

①**决定解**：即一定的、毫不动摇的理解。

②**普贤地**：即十地。

③**一一毛孔出一切世界微尘数光明云**：谓每一个毛孔中能示现出像一切世界微尘数那样多的光明犹如云的形状一样。

④**虚空界**：谓人们所见的，一切诸法存在之场所、空间。

⑤**归趣**：即归向、趣向的意思，亦即所依止之处。

⑥**覆护**：意谓保佑、保护。

译文

当时善财童子看到这十种光明相后，心中就这样想：我如今一定要见到普贤菩萨，以增益善根，见一切佛，于一切菩萨的广大境界，生决定的、毫不动摇的理解，得到一切智。

在这时候，善财童子普摄一切善根，一心求见普贤菩萨，起大精进心，不再退转。即以普眼观察十方世界的一切诸佛和一切菩萨众，对于所见的境界，都作得见普贤之想。用智慧的眼睛观察普贤所行之道，其心广大，犹如虚空，大悲心坚固，犹如金刚。愿将来常得追随普贤菩萨左右，念念不忘随顺修习普贤之行，成就智慧，进入如来境界，住于普贤十地。

这时候，善财童子就看到普贤菩萨在如来前的众会之中，坐在宝莲花师子之座位上，四周围绕着一切菩萨众，其威仪最为殊特，人世间无与伦比。其智慧的境界也无量无边，难以预测，难以思量，与三世诸佛相等，一切菩萨都没有能力进行观察。

善财童子看到普贤菩萨身上每一个毛孔中，示现出一切世界微尘数那样多如云海的光明，布满了法界、虚空界和一切世界，灭除了一切众生的苦患，使得一切菩萨生起大欢喜。见到每一个毛孔中示现出一切佛国土微尘数那样多如云海的各种各样色香焰，布满了法界、虚空界中一切诸佛的众会道场，普遍熏习着。

见到每一个毛孔中示现出一切佛国土微尘数那样多如云海的种种妙华，布满了法界、虚空界中一切诸佛的众会道场，散布许许多多妙华。见到每一个毛孔中示现出一切佛国土微尘数那样多如云海的香树，布满了法界、虚空界中一切诸佛的众会道场，散布许许多多妙香见到每一个毛孔中示现出一切佛国土微尘数那样多如云海的妙衣，布满了法界、虚空界中一切诸佛的众会道场，散布许许多多妙衣。

见到每一个毛孔中示现出一切佛国土微尘数那样多如云海的宝树，布满了法界、虚空界中一切诸佛的众会道场，散布摩尼宝。见到每一个毛孔中示现出一切佛国土微尘数那样多如云海的色界诸天之身，充满了整个法界，赞叹菩提心。见到每一个毛孔中示现出一切佛国土微尘数那样多如云海的梵天身，劝请一切如来转妙法轮。

见到每一个毛孔中示现出一切佛国土微尘那样多如云海的欲界四天王身，护持着一切如来的法轮。见到每一个毛孔中示现出一切佛国土微尘数那样多如云海的三世佛国土，布满了法界、虚空界，为一切众生中没有归向、趣向之处的，给予归向、趣向之处；没有保护的，给予保护；没有依止之处的，给予依止之处。见到每一个毛孔念念之中示现出一切佛国土微尘数那样多如云海的清净佛国土，布满法界、虚空界，一切诸佛都于其中出世，菩萨众会全都充满。

见到每一个毛孔念念之中示现出一切佛国土微尘数那样多如云海的清净佛国土和不清净佛国土，布满法界、虚空界，使得杂染众生都能得到清净。见到每一个毛孔中念念之中示现出一切佛国土微尘数那样多如云海的不清净佛国土和清净佛国土，布满法界、虚空界，使得杂染众生都能得到清净。见到每一个毛孔中念念之中示现出一切佛国土微尘数那样多如云海的不清净佛国土，布满法界、虚空界，使纯粹是染污的众生都得到清净。

见到一一毛孔中念念之中示现出一切佛国土微尘数那样多如云海的众生身，布满法界、虚空界，随其所应，教化众生，使他们都发阿耨多罗三藐三菩提心。见到每一毛孔中念念之中示现出一切佛国土微尘数那样多如云海的菩萨身，布满了法界、虚空界，称颂、赞扬种种诸佛的名号，使一切众生增长善根。见到每一毛孔中念念之中示现出一切佛国土微尘数那样多如云海的菩萨身，布满法界、虚空界的一切佛国土，宣扬一切诸佛和菩萨从最初发心所生的善根。

见到每一个毛孔中念念之中示现出一切佛国土微尘数那样多如云海的菩萨身，布满了法界、虚空界，于一切佛国土的每一个国土中，宣扬一切菩萨的愿海以及普贤菩萨的清净妙行。见到每一个毛孔中念念之中示现出多如云海的普贤菩萨行，使得一切众生的心愿都得到满足，圆满地修习一切智道。见到每一个毛孔中示现出一切佛国土微尘数那样多如云海的正觉身，于一切佛国土现在即成正觉，使一切菩萨增长大法，得一切智。

原典

尔时，善财童子见普贤菩萨如是自在神通境界，身心遍喜，踊跃无量。重观普贤一一身分、一一毛孔，悉有三千大千世界，风轮、水轮、地轮、火轮^①，大海江河，及诸宝山、须弥铁围^②、村营、城邑、宫殿、园苑，一切地狱、饿鬼、畜生、阎罗王界，天龙八部、人与非人；欲界、色界、无色界处，日月星宿、风云雷电、昼夜月时，及以年劫^③，诸佛出世，菩萨众会道场庄严。如是等事，悉皆明见。

如见此世界，十方所有一切世界，悉如是见。如见现在十方世界，前际、后际^④一切世界，亦如是见。各各差别不相杂乱。如于此毗卢遮那如来所，示现如是神通之力，于东方莲华德世界贤首佛所，现神通力亦复如是。如贤首佛所，如是东方一切世界，如东方，南、西、北方、四维⑤、上下，一切世界诸如来所，现神通力，当知悉尔。如十方一切世界，如是十方一切佛刹一一尘中，皆有法界诸佛众会，一一佛所，普贤菩萨坐宝莲华师子座上，现神通力，悉亦如是。彼一一普贤身中，皆现三世一切境界，一切佛刹，一切众生，一切佛出现，一切菩萨众。及闻一切众生言音，一切佛言音，一切如来所转法轮，一切菩萨所成诸行，一切如来游戏神通⑥。

善财童子见普贤菩萨如是无量不可思议大神通力，即得十种智波罗蜜⑦。何等为十？所谓于念念中悉能周遍一切佛刹智波罗蜜；于念念中悉能往诣一切佛所智波罗蜜；于念念中悉能供养一切如来智波罗蜜；于念念中普于一切诸如来所闻法受持智波罗蜜；于念念中思惟一切如来法轮智波罗蜜；于念念中知一切佛不可思议大神通事智波罗蜜；于念念中说一句法尽未来际辩才无尽智波罗蜜；于念念中以深般若观一切法智波罗蜜；于念念中入一切法界实相海⑧智波罗蜜；于念念中知一切众生心智波罗蜜；于念念中普贤惠行皆现在前智波罗蜜。

善财童子既得是已，普贤菩萨即伸⑨右手摩触其顶。既摩顶⑩已，善财即得一切佛刹微尘数三昧门⑪，各以一切佛刹微尘数三昧而为眷属。——三昧，悉见昔所未见一切佛刹微尘数佛大海^⑫，集一切佛刹微尘数一切智助道具，生一切佛刹微尘数一切智上妙法，发一切佛刹微尘数一切智大誓愿，入一切佛刹微尘数大愿海，住一切佛刹微尘数一切智出要道^⑬。修一切佛刹微尘数诸菩萨所修行，起一切佛刹微尘数一切智大精进，得一切佛刹微尘数一切智净光明。

如此娑婆世界^⑭毗卢遮那佛所，普贤菩萨摩善财顶。如是十方所有世界，及彼世界——尘中一切世界一切佛所，普贤菩萨悉亦如是摩善财顶，所得法门亦皆同等。

注释

①**风轮、水轮、地轮、火轮**：指风、水、地、火之四大。因这四大，法性之德圆满具足，故称为轮。佛教认为，世界一切均为四大所造，谓四大是构成一切色法（相当于物质现象）的基本元素。

②**须弥铁围**：即三千大千世界中的须弥山和铁围山。

③**年劫**：即年时和劫时。

④**前际、后际**："前际"，指过去世；"后际"，指未来世。

⑤**四维**：即东南、西南、东北、西北四隅。

⑥**游戏神通**：谓佛菩萨借神通之力，以化度众生而自娱乐游戏。

⑦**智波罗蜜**：亦作般若波罗蜜。即照了诸法实相，穷尽一切智慧之边际，度生死此岸至涅槃彼岸之菩萨大慧。此经讲有十种智波罗蜜，实际上是讲智波罗蜜的十种功用。

⑧**实相海**：谓一切法的实相广大如海。

⑨**伸**：原作"申"，今依日本《大正藏》本改。

⑩**摩顶**："顶"即头顶。指佛为嘱咐大法，以手摩弟子之头顶，或为预示当来作佛之授记。

⑪**三昧门**：指进入佛所具无量三昧之门户。

⑫**微尘数佛大海**：谓无量无数之佛犹如大海水一样之多。

⑬**出要道**：即出离生死之要道。

⑭**娑婆世界**：即释迦牟尼佛进行教化之现实世界。现统称我们现在的世界。

译文

这时候，善财童子看到普贤菩萨有如此的自在神通境界，身心充满欢喜，无限雀跃。于是又重新观察普贤菩萨身体的每一部分，每一个毛孔，都有三千大千世界，都有风轮、水轮、地轮、火轮等，还有大海江河及须弥、铁围等诸宝山，村寨、城市、宫殿、庭院、花园等，一切地狱、饿鬼、畜生、阎罗王界，天龙八部，人与非人，欲界、色界、无色界处，日月星宿、风云雷电、昼夜月时，以及年劫，诸佛出世，菩萨众会道场庄严等，像这些事情，全都明白了见。

犹如见到这个世界一样，十方所有的一切世界，全部都这样见到。犹如见到现在的十方世界一样，过去、未来的一切世界，也都这样见到。各种不同的现象，互不杂乱。犹如于此毗卢遮那如来所住之所，示现这样的神通之力一样，在东方莲华德世界贤首佛所住之所，示现的神通力也是如此。像贤首佛所一样，东方一切世界的东方、南方、西方、北方、四维、上下，一切世界的一切如来之所，示现神通之力，应知全部都是如此。像十方一切世界一样，这样的十方一切佛国土的每一个微尘中，都有法界诸佛众会，每一个佛所，普贤菩萨坐在宝莲华的师子座上，示现神通之力，全部都是如此。在那每一个普贤菩萨的身上，都示现出三世的一切境界。如一切佛国土，一切众生，一切佛出现于世，一切菩萨众。还听到一切众生的言语声音，一切佛的言语声音，一切如来所转法轮，一切菩萨所修证得的诸行，一切如来的游戏神通等。

善财童子看到普贤菩萨这样无量的、不可思议的大神通力，就得到了十二种智波罗蜜。哪十二种呢？所谓于一刹那的每一念中都能周遍一切佛国土的智波罗蜜；于每一念中都能前往一切佛所的智波罗蜜；于每一念中都能供养一切如来的智波罗蜜；于每一念中能普遍于一切如来之所闻法、受持的智波罗蜜；于每一念中能思考一切如来法轮的智波罗蜜；于每一念中能了知一切佛不可思议大神通事的智波罗蜜；于每一念中说一句法，能穷尽未来世所有辩才无尽的智波罗蜜；于每一念中以甚深般若来观察一切法的智波罗蜜；于每一念中以甚深般若来观察一切法的智波罗蜜；于每一念中进入一切法界实相海的智波罗蜜；于每一念中能理解一切众生心的智波罗蜜；于每一念中普贤菩萨的慧行都示现在眼前的智波罗蜜。

　　善财童子在得到了这十二种智波罗蜜以后，普贤菩萨就伸出右手，摩触其头顶。摩触头顶后，善财童子就得到一切佛国土像微尘那样多的三昧门，各以一切佛国土微尘那样多的三昧为其部属。每一个三昧，都看到过去所未曾看到过的一切佛国土微尘那样多的佛，汇集了一切佛国土微尘那样多的一切智助道具，生起一切佛国土微尘数那样多的一切智上妙法，发起一切佛国土微尘数那样多的一切智大誓愿，进入一切佛国土微尘数那样多的大愿海，住于一切佛国土微尘数那样多的一切智的出离生死之要道，修习一切佛国土微尘数那样多的诸菩萨所修之行，生起一切佛国土微尘数那样多的一切智大精进，最后得一切佛国土微尘数那样多的一切智净光明。

像这样的娑婆世界毗卢遮那佛所居之处，普贤菩萨摩善财童子的头顶一样，其他所有的十方世界，以及彼方世界中每一个微尘中的一切世界、一切佛所，普贤菩萨也都这样摩善财童子的头顶，所得的法门也都同样。

原典

尔时，普贤菩萨摩诃萨告善财言：善男子！汝见我此神通力不？

唯然①已见。大圣！此不思议大神通事，唯是如来之所能知。

普贤告言：善男子！我于过去不可说不可说佛刹微尘数劫，行菩萨行，求一切智，一一劫中，为欲清净菩提心故，承事不可说不可说佛刹微尘数佛。一一劫中，为集一切智福德具故，设不可说不可说佛刹微尘数广大施会，一切世间咸使闻知，凡有所求悉令满足。一一劫中，为求一切智法故，以不可说不可说佛刹微尘数财物布施。一一劫中，为求佛智故，以不可说不可说佛刹微尘数城邑聚落、国土王位、妻子眷属、眼耳鼻舌身肉手足，乃至身命而为布施。一一劫中，为求一切智首故，以不可说不可说佛刹微尘数头而为布施。一一劫中，为求一切智故，于不可说不可说佛刹微尘数诸如来所，恭敬尊重，承事供养，衣服、卧具、饮食、汤药，一切所须悉皆奉施。于其法中出家学道，修行佛法，护持正教。

善男子！我于尔所劫海中，自忆未曾于一念间不顺佛教，于一念间生嗔害心、我我所心^②、自他差别心^③、远离菩提心，于生死中起疲厌心、懒惰心、障碍心、迷惑心。唯住无上^④不可沮坏，集一切智助道之法大菩提心。

善男子！我庄严佛土，以大悲心救护众生，教化成就，供养诸佛，事善知识。为求正法，弘宣护持。一切内外悉皆能舍，乃至身命亦无所吝。一切劫海说其因缘，劫海可尽，此无有尽。

善男子！我法海中，无有一文，无有一句，非是舍施转轮王位而求得者，非是舍施一切所有而求得者。

善男子！我所求法，皆为救护一切众生。一心思惟，愿诸众生得闻是法，愿以智光普照世间，愿为开示出世间智，愿令众生悉得安乐，愿普称赞一切诸佛所有功德。我如是等往昔因缘，于不可说不可说佛刹微尘数劫海，说不可尽。

是故善男子！我以如是助道法力，诸善根力，大志乐力⑤，修功德力，如实思惟一切法力，智慧眼力，佛威神力，大慈悲力，净神通力，善知识力故，得此究竟三世平等清净法身⑥，复得清净无上色身，超诸世间，随诸众生心之所乐而为现形。入一切刹，遍一切处，于诸世界广现神通，令其见者靡不欣乐。

善男子！汝且观我如是色身。我此色身，无边劫海之所成就，无量千亿那由他劫难见难闻。

善男子！若有众生未种善根及种少善根，声闻、菩萨犹尚不得闻我名字，况见我身？

善男子！若有众生得闻我名，于阿耨多罗三藐三菩提不复退转。若见若触，若迎若送，若暂随逐，乃至梦中见闻我者，皆亦如是。或有众生，一日一夜忆念于我，即得成熟⑦。或七日七夜，半月一月，半年一年，百年千年，一劫百劫，乃至不可说不可说佛刹微尘数劫，忆念于我而成熟者。或一生，或百生，乃至不可说不可说佛刹微尘数生，忆念于我而成熟者。或见我放大光明，或见我震动佛刹，或生怖畏，或生欢喜，皆得成熟。

善男子！我以如是等佛刹微尘数方便门，令诸众生于阿耨多罗三藐三菩提得不退转。

善男子！若有众生见闻于我清净刹者，必得生此清净刹中。若有众生见闻于我清净身者，必得生我清净身中。善男子！汝应观我此清净身。

　　尔时，善财童子观普贤菩萨身，相好肢节⑧，一一毛孔中皆有不可说不可说佛刹海，一一刹海，皆有诸佛出兴于世，大菩萨众所共围绕。又复见彼一切刹海种种建立，种种形状，种种庄严，种种大山周匝围绕，种种色云弥覆虚空，种种佛兴，演种种法，如是等事各各不同。又见普贤于一一世界海中，出一切佛刹微尘数佛化身云，周遍十方一切世界，教化众生，令向阿耨多罗三藐三菩提。时善财童子又见自身在普贤身内十方一切诸世界中教化众生。

　　又善财童子亲近佛刹微尘数诸善知识，所得善根智慧光明，比见普贤菩萨所得善根，百分不及一，千分不及一，百千分不及一，百千亿分乃至算数譬喻亦不能及。是善财童子从初发心，乃至得见普贤菩萨，于其中间所入一切诸佛刹海，今于普贤一毛孔中，一念所入诸佛刹海，过前不可说不可说佛刹微尘数倍。如一毛孔，一切毛孔悉亦如是。

　　善财童子于普贤菩萨毛孔刹中行一步，过不可说不可说佛刹微尘数世界。如是而行，尽未来劫犹不能知一毛孔中刹海次第，刹海藏，刹海差别，刹海普入，刹海成，刹海坏，刹海庄严所有边际⑨。亦不能知佛海次第，佛海藏，佛海差别，佛海普入，佛海生，佛海灭，所有边际。亦不能知菩萨众海次第，菩萨众海藏，菩萨众海差别，菩萨众海普入，菩萨众海集，菩萨众海散，所有边际。亦不能知入众生界，知众生根，教化调伏诸众生智，菩萨所住甚深自在，菩萨所入诸地诸道^⑩，如是等海所有边际。

善财童子于普贤菩萨毛孔刹中，或于一刹经于一劫，如是而行，乃至或有经不可说不可说佛刹微尘数劫，如是而行。亦不于此刹没，于彼刹现，念念周遍无边刹海，教化众生，令向阿耨多罗三藐三菩提。

当是之时，善财童子则次第得普贤菩萨诸行愿海，与普贤等，与诸佛等。一身充满一切世界，刹等^⑪，行等，正觉等，神通等，法轮等，辩才等，言辞等，音声等，力无畏等，佛所住等，大慈悲等，不可思议解脱自在悉皆同等。

注释

①**唯然**：相当于"是的"的意思。

②**我我所心**：即我心和我所心。"我心"，谓执有一实我体之心。"我所心"，谓执有一实有我所有事物之心。

③**自他差别心**：即自心和他心有所差别之心。

④**无上**：即无有超过之者。亦作无上菩提解。

⑤**大志乐力**：即大志意乐之力。"大志意乐"，是六种意乐之一。谓菩萨以六度所集之善根功德回施一切众生，令其同得胜果，故称大志意乐。大志意乐之力，称大志乐力。

⑥**平等清净法身**：即平等法身和清净法身。"平等法身"，谓八地以上之菩萨，已证平等寂灭之真如，虽任其自然，不加功用，亦能一时遍于十方世界，示现种种教化，作种种佛事，而无往来之想，亦无造作之想，故称平等法身。"清净法身"，指无诸染垢，非常清净的法身，亦即佛身。

⑦**成熟**：和成就含义相仿。谓众生对于阿耨多罗三藐三菩提，得不退转，即谓之成熟。

⑧**相好肢节**：即两臂、两腿四肢关节都非常好看。

⑨**边际**：原意为边界、边缘。此处是穷极、穷尽的意思，即无有能超越之者。

⑩**诸地诸道**：即菩萨十地、众生轮回之六道等。

⑪**刹等**：即与一切佛土同等。

译文

这时候，普贤菩萨告诉善财童子说：善男子！你看到我这种神通力没有？

善财童子回答说：是的，我已经看见了。大圣人！这种不可思议的大神通事，唯有如来才能够知道。

普贤菩萨告诉善财童子说：我于过去世不可言说的佛国土微尘数劫时，修菩萨行，求取一切智。在每一个劫时中，为了要清净菩提心，因而承事无量无数不可言说的一切佛国土的微尘数佛。在每一个劫时中，为了积集一切智福德之具，故设立无量无数不可言说的佛国土微尘数广大布施会，一切世间之人都使之闻听、了知，凡是有什么要求，都使之满足。每一个劫时中，为了求得一切智法，故以无量无数不可言说的佛国土微尘数财物进行布施。每一个劫时中，为了求取佛智，故以无量无数不可言说的佛国土微尘数的城市、村庄、国土、王位、妻子、子女、眼、耳、鼻、舌、身肉、手足，乃至身体、性命，作为布施。每一个劫时中，为了求取一切智中的首位，故以无量无数不可言说的佛国土微尘数的头作为布施。每一个劫时中，为了求得一切智，故于无量无数不可言说的佛国土微尘数的如来住所，恭敬尊重，承事供养衣服、卧具、饮食和汤药等，一切所须全都奉施。同时在其正法之中出家学道，修行佛法，护持正教。

善男子！我于那劫海之中，自己记得不曾于一念之间不随从佛教，也不曾于一念之间生起嗔害之心、我和我所之心、自他差别之心、远离菩提之心，或者于生死流转中起疲厌之心、懒惰之心、障碍之心、迷惑之心。只是起一种至高无上的、坚不可坏的、能积集一切智助道之法的大菩提心。

善男子！我庄严佛国土，以大悲心救济众生，教化他们，使他们获得成就。我供养诸佛，侍奉善知识。为了求取正法，弘宣、护持正法，我一切内外全部都能割舍，乃至身体、性命亦不加吝啬。如果于一切劫海的长时中说其因缘，一切劫海的长时可以穷尽，这种因缘则说不穷尽。

善男子！在我的法海之中，没有一字、没有一句不是施舍转轮王的王位而求得之者，也没有不是施舍一切所有而求得之者。

善男子！我所以要求法，都是为救护一切众生。我一心所想的，都是希望一切众生得闻此法。愿以智慧之光普照世间，愿为开示出世间的智慧，愿使众生都得安乐，愿普遍称赞一切诸佛的所有功德。我这样的往昔因缘，于无量无数不可言说的佛国土微尘数劫海之中，也说不尽。

因此，善男子！我以这样的助道法之力、一切善根之力、大志意乐之力、修功德之力、如实地思惟一切法之力、智慧眼之力、佛威神之力、大慈悲之力、净神通之力、善知识之力等，因而得此究竟三世、平等清净之法身，又得此清净无上之色身，超过一切世间，随顺一切众生心中的乐趣而示现身形，趣入所有的刹土，遍至任何地方，在各个世界示现神通，使见之者无不欣喜。

善男子！你且看我这样的色身。我这色身，是经历了无数的劫海才得以成就的，是无数的千百亿那由他劫时所难见难闻的。

善男子！如有的众生未种善根，或者只有种极少的善根，甚至声闻和菩萨，也还不能听闻我的名字，更何况要见我的色身呢！

善男子！如有的众生能够听闻得我的名字，就能对于阿耨多罗三藐三菩提不再退转。如果见到、触及到我的色身，如果能够迎接或欢送我的色身，如果能暂时随逐我的色身，乃至只是在梦中见到我的色身，听到我的名字，也全部能这样对于阿耨多罗三藐三菩提不再退转。或者有的众生能在一日一夜中思念于我，就能成就阿耨多罗三藐三菩提不再退转。或者在七日七夜，半月一月，半年一年，百年千年，一劫百劫，乃至无数的不可言说的佛国土微尘数劫时，思念于我而获得此种成就。或者经历百生，乃至无数的不可言说的佛国土微尘数生，思念于我而获得此种成就。或者见我放大光明，或者见我震动佛国土，或者生起恐怖、畏惧之心，或者生起欢喜之心，都能得到如此成就。

善男子！我以这样的佛国土微尘数那样多的方便之门，使一切众生对于阿耨多罗三藐三菩提得不再退转。

　　善男子！如有众生能够见到听到我的清净佛土的，就一定能够出生于这清净佛土中。如有众生能够见到听到我的清净色身的，就一定能够出生于我的清净色身之中。善男子！你应当观察我这个清净色身。

　　这时候，善财童子观察普贤菩萨的色身肢节都十分好看，每一个毛孔中都有许多不可言说的佛刹海，每一个佛刹海中，都有诸佛出兴于世，许许多多大菩萨围绕着他。又看到那一切刹海的种种建设、种种形状、种种庄严、种种大山四周围绕着、种种颜色的云覆盖了虚空，种种佛出兴于世，示演种种正法。像这许多事情，各各有所不同。又看到普贤菩萨于每一个世界中，示现出一切佛国土微尘数的佛化身云，周遍十方一切世界，教化众生，使他们趣向阿耨多罗三藐三菩提。这时善财童子又见自己的色身也在普贤菩萨身内的十方一切世界中教化众生。

　　又善财童子亲近佛国土许许多多诸善知识，所得的善根、智慧、光明，比起所看到的普贤菩萨所得的善根，百分不及一分，千分不及一分，百千亿分乃至算数、譬喻之分，也不及一分。此善财童子从初发心直至得见普贤菩萨，其间所入一切佛刹海，比起如今于普贤菩萨一个毛孔中的一念之中所入的一切佛刹海，后者要超过前者许许多多不可言说的微尘数倍。和一毛孔一样，一切毛孔也都是如此。

善财童子于普贤菩萨毛孔的佛土中行走一步，要超过许许多多不可言说的佛国土微尘数世界。像这样的行走，穷尽了未来的劫时，也不能了知普贤菩萨一个毛孔中许许多多如大海佛国土的前后次第、所藏的内容，各种佛国土的区别、普遍进入的情况，许许多多佛国土的形成、坏灭以及一切无穷无尽的庄严。亦不能了知多如大海一样之佛的前后次第、所藏的内容，各种佛的区别、普遍悟入的情况，许许多多佛的出世，佛的寂灭以及无穷无尽的佛。也不能了知多如大海一样的菩萨众的前后次第、所藏的内容，菩萨众的区别、普遍证入的情况，菩萨众的结集，菩萨众的离散，以及无穷无尽的菩萨众。也不能了知进入众生界、了知众生根、教化调伏一切众生的智慧，菩萨所住的甚深自在之处，菩萨所入的一切地、一切道，像这样犹如大海一样无穷无尽的事。

善财童子在普贤菩萨的毛孔国土中，或者对于一个国土，经过一个劫时，如此而修行，乃至经过不可言说的佛国土微尘数劫时，如此而修行。也不于这个国土湮没，于那个国土示现。一念接着一念，普遍于无穷无尽的国土，教化众生，使他们趣向阿耨多罗三藐三菩提。

当此之时，善财童子就先后得到普贤菩萨许许多多如大海一样的一切行愿，与普贤菩萨同等，与一切佛同等。一身充满一切世界，与一切世界的佛国土同等、修行同等、获得正觉同等、得神通同等、转法轮同等、得辩才无碍同等、言辞同等、音声同等、十力四无畏同等、佛所居住之所同等、大慈悲同等、不可思议解脱自在等全都同等。

原典

　　尔时，普贤菩萨摩诃萨即说颂言：

　　汝等应除诸惑垢，一心不乱而谛听①；

　　我说如来具诸度②，一切解脱真实道③。

　　出世调柔胜丈夫④，其心清净如虚空；

　　恒放智日大光明，普使群生灭痴暗。

　　如来难可得见闻，无量亿劫今乃值；

　　如优昙华⑤时一现，是故应听佛功德。

　　随顺世间诸所作，譬如幻士⑥现众业；

　　但为悦可众生心，未曾分别起想念。

　　尔时，诸菩萨闻此说已，一心渴仰，唯愿得闻如来世尊真实功德。咸作是念，普贤菩萨具修诸行，体性清净，所有言说皆悉不虚，一切如来共所称叹。作是念已，深生渴仰。

尔时，普贤菩萨功德智慧具足庄严，犹如莲华，不着三界一切尘垢。告诸菩萨言：汝等谛听，我今欲说佛功德海一滴之相。即说颂言：

佛智广大同虚空，普遍一切众生心；
悉了世间诸妄想，不起种种异分别。
一念悉知三世法，亦了一切众生根；
譬如善巧大幻师，念念示现无边事。
随众生心种种行，往昔诸业誓愿力；
令其所见各不同，而佛本来无动念。
或有处处见佛坐，充满十方诸世界；
或有其心不清净，无量劫中不见佛。
或有信解⑦离憍慢⑧，发意即得见如来；
或有谄诳不净心⑨，亿劫寻求莫值遇。
或一切处闻佛音，其音美妙令心悦；
或有百千万亿劫，心不净故不闻者。
或见清净大菩萨⑩，充满三千大千界；
皆已具足普贤行，如来于中俨然坐。
或见此界妙无比，佛无量劫所严净；
毗卢遮那最胜尊，于中觉悟成菩提。
或见莲华胜妙刹，贤首如来住在中；
无量菩萨众围绕，皆悉勤修普贤行。

或有见佛无量寿⑪，观自在等所围绕；

悉已住于灌顶地⑫，充满十方诸世界。

或有见此三千界，种种庄严如妙喜⑬；

阿閦如来⑭住在中，及如香象⑮诸菩萨。

或见月觉大名称⑯，与金刚幢菩萨等；

住如圆镜妙庄严，普遍十方清净刹。

或见日藏⑰世所尊，住善光明清净土；

及与灌顶诸菩萨⑱，充遍十方而说法。

或见金刚大焰佛，而与智幢菩萨⑲俱；

周行一切广大刹，说法除灭众生翳⑳。

一一毛端㉑不可说，诸佛具相三十二；

菩萨眷属共围绕，种种说法度众生。

或有观见一毛孔，具足庄严广大刹；

无量如来悉在中，清净佛子皆充满。

或有见一微尘内，具有恒沙佛国土；

无量菩萨悉充满，不可说劫修诸行。

或有见一毛端处，无量尘沙诸刹海；

种种业起各差别，毗卢遮那转法轮。

或见世界不清净，或见清净宝所成；

如来住寿无量时，乃至涅槃诸所现。

普遍十方诸世界，种种示现不思议；

随诸众生心智业㉒，靡不化度令清净。

如是无上大导师^㉓，充满十方诸国土；
示现种种神通力，我说少分汝当听。
或见释迦成佛道，已经不可思议劫；
或见今始为菩萨，十方利益诸众生。
或有见此释师子^㉔，供养诸佛修行道；
或见人中最胜尊^㉕，现种种力神通事。
或见布施或持戒，或忍或进或诸禅；
般若方便愿力智^㉖，随众生心皆示现。
或见究竟波罗蜜^㉗，或见安住于诸地；
总持三昧神通智^㉘，如是悉现无不尽。
或现修行无量劫，住于菩萨堪忍位^㉙；
或现住于不退地^㉚，或现法水灌其顶。
或现梵释护世身^㉛，或现刹利婆罗门；
种种色相所庄严，犹如幻师现众像。
或现兜率始降神^㉜，或见宫中受嫔御^㉝；
或见弃舍诸荣乐，出家离俗行学道。
或见始生或见灭，或见出家学异行；
或见坐于菩提树，降伏魔军成正觉。
或有见佛始涅槃，或见起塔遍世间；
或见塔中立佛像，以知时故如是现。
或见如来无量寿，与诸菩萨授尊记；
而成无上大导师，次补住于安乐刹^㉞。

或见无量亿千劫，作佛事已入涅槃；

或见今始成菩提，或见正修诸妙行。

或见如来清净月㉟，在于梵世㊱及魔宫㊲自在天宫㊳化乐宫㊴，示现种种诸神变。

或见在于兜率宫，无量诸天共围绕；

为彼说法令欢喜，悉共发心供养佛。

或见住在夜摩天㊵，忉利㊶护世㊷龙神㊸处；

如是一切诸宫殿，莫不于中现其像。

于彼然灯世尊所，散华布发㊹为供养；

从是了知深妙法，恒以此道化群生。

或有见佛久涅槃，或见初始成菩提；

或见住于无量劫，或见须臾即灭度。

注释

①**谛听**：意谓仔细地听、认真地听。

②**诸度**：指布施、持戒、忍辱、精进、禅定、般若六度。

③**真实道**：即诚实而无虚假之道。

④**调柔胜丈夫**："调柔"，即调顺、调伏的意思。调顺、驯服殊胜的丈夫（刚强的男子汉），称为调柔胜丈夫。

⑤**优昙华**：亦作优昙跋罗华，略称昙华。意译灵瑞华等。此花属于桑科中之隐花植物，产于喜马拉雅山麓、德干高原及斯里兰卡等地。树干高三公尺余，叶有两种，一平滑，另一粗糙，皆长十至十八公分，尖端细长。雌雄异花，花托大者如拳，小者如拇指，十余个聚生于树干，虽可食用而味不佳。世称三千年开花一度，若佛出世，以其有大福德力，能感得此花开放。因其稀有难遇，佛经中常以此花比喻遇佛出世之难。

⑥**幻士**：亦称幻师、幻人、幻术师等。即行幻术之人，能于无实在之物而变现之。

⑦**信解**：即对于佛所说法起信、生解。又初信后解，亦称信解。

⑧**离㤭慢**：即远离自高傲慢。

⑨**谄诳不净心**："谄诳"，与"谄曲"含义相同，即为了欺骗他人而故意装出顺从的样子。故意欺骗他人是一种不清净之心，故称谄诳不净心。

⑩**清净大菩萨**：即远离烦恼垢染、三业清净之大菩萨。

⑪**无量寿**：佛名，即阿弥陀佛。

⑫**灌顶地**：即菩萨十地之第十地法云地，因是十地之最顶，故名灌顶地。

⑬**妙喜**：即妙喜世界，为东方阿閦佛之世界。

⑭**阿閦如来**：亦称阿閦鞞佛。意译不动佛等。谓往昔东方去此千佛刹，有阿比罗提世界，其中有一菩萨对大目如来发愿断嗔恚、断淫欲，乃至成无上正等正觉，大目如来欢喜而赐号阿閦，阿閦菩萨遂于此成佛。其国土名妙喜，现今于其土说法。

⑮**香象**：菩萨名。此菩萨在北方之香聚山说法，因身出香风，故名香象菩萨。

⑯**月觉大名称**："月觉"，菩萨名；"大名称"，又作大称，即大菩萨之别称。

⑰**日藏**：菩萨名。为在家十六菩萨之一。

⑱**灌顶诸菩萨**：即住于灌顶地的一切菩萨。

⑲**智幢菩萨**：密教十六菩萨之一。

⑳**众生翳**："翳"，原为眼病，即眼睛生翳，看不清事物。此处比喻众生像生了眼翳一样，不能正确理解佛法。

㉑**毛端**：亦作毛头。指人体毫毛之一端的极小部分。

㉒**众生心智业**：即一切众生所有之心产生的智慧之业。

㉓**无上大导师**：对佛之尊称。意谓佛是任何人也不能超过的大导师。

㉔**释师子**：为释尊之德号。释尊为人中之王，于三界中得无畏自在，如兽中之狮子王，故称释师子。

㉕**最胜尊**：对佛之尊称。佛成就一切智，断尽一切烦恼，在人、天等一切众生中为最胜，故称最胜尊。

㉖**方便愿力智**：即方便智与愿力智。"方便智"，即达于方便法之智，亦指行善巧方便之智。"愿力智"，即由愿力引起的正智，对于所求境物皆如实了知。

㉗**究竟波罗蜜**："波罗蜜"，意译为"度"，即自生死之此岸度至涅槃解脱之彼岸。最究竟之波罗蜜，即称究竟波罗蜜。

㉘**总持三昧神通智**："总持"，梵语音译陀罗尼。意即能总摄忆持无量佛法而不忘失，又使诸恶不生之念慧力。"三昧"，即"定"，谓心定于一处而不动。"神通智"，即无碍自在彻见事理之智慧。

㉙**堪忍位**：即堪忍地，为菩萨十地中初地之别名。

㉚**不退地**：即不退之位地。"不退"，梵语音译阿鞞跋致。谓不退堕于恶趣及二乘地，且所证悟之法不退失。不退有三种、四种之不同，其位次依诸宗而异。但一般指菩萨初地之位，即三不退中之行不退，四不退中之证不退。

㉛**梵释护世身**：即梵天、帝释保护世尊之身。

㉜**兜率始降神**：谓菩萨从兜率天开始降神。

㉝**宫中受嫔御**：谓于王宫中接受嫔妃、车马。

㉞**次补住于安乐刹**："补"，即补处，谓前佛既灭后，

成佛而补其处。此句意谓，接着就成为补处菩萨而住于极乐世界。

㉟**如来清净月**：意谓如来本性清净无垢染，犹如月光。

㊱**梵世**：即梵世界，包括色界诸天。

㊲**魔宫**：即天魔之宫殿。

㊳**自在天宫**：即自在天王之宫殿，在色界之第四禅。

㊴**化乐宫**：即化乐天王之宫殿，为六欲天之第五天，在兜率天之上，他化自在天之下。

㊵**夜摩天**：为六欲天之第三天，在忉利天之上，兜率天之下。

㊶**忉利**：即忉利天，为六欲天之第二天，在四天王之上，夜摩天之下。

㊷**护世**：即护世四天王。此处亦指六欲天之第一天，即四王天，在忉利天之下。

㊸**龙神**：八部众之一。因其具有神力，故称龙神。

㊹**散华布发**：即散布鲜花、披发于地以供佛。

译文

这时候，普贤大菩萨就对大家唱念偈颂：

你们应该除灭一切烦恼垢染，一心不乱地仔细地听我宣说；

如来具有六度，以及一切解脱的真实不虚之道。

出世间驯服刚强的男子汉，其心清净犹如虚空；

恒常放出智慧之日的大光明，普遍使得广大群众灭除一切愚痴和黑暗。

如来是难得可以见闻的，经过了无数的劫时今天才得遇到；

犹如优昙花一样千百年才得一现，因此应该认真地听取佛的功德。

佛随顺世间的一切所作所为，譬如幻术师变现一切众业；

这仅仅是为了取悦众生之心，其本身并没有任何分别而起想念。

此时，一切菩萨听到普贤菩萨说此偈颂以后，一心渴望、景仰，唯愿听闻如来世尊的真实功德。大家都这样想，普贤菩萨圆满地修习一切诸行，体性清净，所有言说全都是真实不虚，为一切如来所共同赞叹。这样想了以后，立即生起深刻的渴望、景仰。

此时，普贤菩萨的功德、智慧都圆满具足，十分庄严。犹如莲花，不染着三界的一切尘埃、垢染。普贤菩萨告诉其他一切菩萨说：你们要仔细地听，我今要说佛的功德海中的一滴水之相。于是就唱念偈颂说：

佛的智慧广大如同虚空，普遍于一切众生心中；

完全了知世间的一切妄想，不起种种不同的分别之心。

一念之中能完全了知三世之法，也能了知一切众生的根性；

譬如十分善巧的大幻术师，一念接着一念示现出无量无边的事物。

随着众生心修种种行，依靠过去所作诸业的誓愿之力；

使每个众生所见各不相同，而佛本来毫无动念。

有的人处处见佛坐在狮子座上，充满十方一切世界；

有的人其心不清净，虽经历无量劫时也见不到佛。

有的人对于佛法能起信生解、远离憍慢，一发心就能见到如来；

有的人生起谄曲、不净之心，虽经亿万劫时的寻求也难以遇到。

有的人在一切地方都听到佛的声音，其音美妙令人心悦；

有的人虽历百千万亿的劫时，因为心不清净故听不到佛的声音。

有的人看见清净的大菩萨，充满了三千大千世界；

都已经圆满具足了普贤菩萨之行，如来在其中俨然而坐。

有的人看到这一世界奇妙无比，是佛经过无量劫时所庄严、清净的；

毗卢遮那佛最为尊胜，于此世界中觉悟、证成菩提。

有的人看到莲花胜妙的佛国土，贤首如来住在其中；

无量无数的菩萨围绕着他，全都勤修普贤菩萨之行。

有的人看到无量寿佛，观世音菩萨等围绕着他；

这些菩萨全都住于第十地灌顶地，充满了十方一切世界。

有的人看到此三千大千世界，种种庄严之相犹如东方之妙喜世界；

阿閦如来住于其中，还有香象菩萨等一切菩萨。

有的人看到月觉大菩萨，和金刚幢菩萨等一起；

住于像大圆镜美妙庄严，普遍于十方世界的清净佛国土。

有的人看到日藏菩萨为世所尊，住于善光明的清净国土；

与灌顶地的一切菩萨一起，充满十方世界而为众生说法。

有的人看到金刚大焰佛，与智幢菩萨在一起；

环行一切广大国土，宣说佛法除灭众生不能正确理解佛法的翳病。

每一个毛端不可用言语来说，都具有一切诸佛的三十二相；

许多菩萨及其眷属共同围绕着他，用种种言音说法普度众生。

有人看见一个毛孔，其中具足了庄严广大的佛国土；

无数的如来都在其中，清净的佛弟子都充满其间。

有人看见在一个微尘之内，具有恒河之沙那样多的佛国土；

无数的菩萨都充满其间，在不可言说的许许多多劫时中修一切行。

有人见到一个毛端之处，有无量微尘、恒河沙那样多的佛国土；

种种业生起各种差别，毗卢遮那佛为之转法轮。

有人见到世界不清净，有人则见到世界是清净的珍宝所成就；

如来住于世间的寿量没有时间可以衡量，直至涅槃诸相有所示现。

普遍于十方一切世界，种种示现都不可思议；

随着一切众生之心所生的智慧之业，无一不化度他们使之清净无染。

像这样的至高无上的大导师，充满了十方世界的一切佛国土；

示现出种种神通之力，我只说极少一部分你应当仔细听。

或有人看见释迦成就佛道，已经过了不可思议的许多劫时；

或有人看见现今始成为菩萨，在十方世界利益一切众生。

或有人看见此释师子，供养一切诸佛修行佛道；

或有人看见人中的最胜尊，示现种种威力、神通之事。

或有人看见如来勤修布施、持戒、忍辱、精进、禅定等六度；

得般若智、方便智和愿力智，如此等等都随众生之心而示现。

或有人看见得究竟波罗蜜，或有人看见安住于菩萨十地；

得总持、三昧和神通智等等，如此全都示现无一不穷尽。

或者示现出修行于无量劫时，住于菩萨十地之初地堪忍地；

或者示现出住于不退之位地或者示现出用法水灌其顶。

或者示现有梵天、帝释护佑世尊之身，或者示现有刹帝利、婆罗门护佑世尊之身；

由种种色相所庄严而成之身，犹如幻术师变现出众像。

或者示现从兜率天始降其神，或者看见在王宫中接受嫔妃、驾驭车马；

或者看见舍弃了一切富贵荣乐，出家离俗修行学道。

或者看见开始降生，或者看见寂灭，或者看见出家修外道苦行；

或者看见坐于菩提树下，降伏魔军成就正等正觉。

或者看见佛开始般涅槃，或者看见建造佛塔遍布世间；

或者看见塔中安立佛像，因为预知时至故有如此之示现。

或者看见如来无量寿佛，与一切菩萨授尊者之记别；

继而成为至高无上的大导师，接着就成为补处菩萨而住于极乐世界。

或者看见经历无量的亿千劫时，作完佛事后入于般涅槃；

或者看见现今方才成就菩提，或者看见正在修习一切妙行。

或者看见如来犹如清净的月光，住于梵天世界和天魔之宫殿；

住于自在天宫和化乐天宫，示现出种种神通和变化。

或者看见如来在兜率天宫，无数的诸天共同围绕着他；

如来为他们说法使他们欢喜，他们即共同发心供养如来。

或者看见如来住于夜摩天，住于忉利天护世四天王、龙神等处；

像这样的一切宫殿，无一不于其中示现其形象。

于彼然灯世尊所在，散布鲜花、披发于地作为对诸佛的供养；

从这里了知深妙的佛法，经常以此佛道教化众生。

或者看见佛久住涅槃，或者看见佛最初开始成就菩提；

或者看见佛住于无量劫时，或者看见佛须臾之间即灭度。

原典

身相光明与寿命，智慧菩提及涅槃；

众会所化威仪声，如是一一皆无数。

或现其身极广大，譬如须弥大宝山；

或见跏趺①不动摇，充满无边诸世界。

或见圆光一寻②量，或见千万亿由旬；

或见照于无量土，或见充满一切刹。

或见佛寿八十年，或寿百千万亿岁；

或住不可思议劫，如是展转倍过此。

佛智通达净无碍，一念普知三世法；

皆从心识因缘起，生灭无常无自性。

于一刹中成正觉，一切刹处悉亦成；

一切入一一亦尔③，随众生心皆示现。

如来住于无上道，成就十力四无畏；

具足智慧无所碍，转于十二行法轮④。

了知苦集及灭道，分别十二因缘⑤法；

法义乐说辞无碍⑥，以是四辩广开演。

诸法无我无有相，业性不起亦无失；

一切远离如虚空，佛以方便而分别。

如来如是转法轮，普震十方诸国土；

宫殿山河悉摇动，不使众生有惊怖。

如来普演广大音，随其根欲皆令解；

悉使发心除惑垢，而佛未始生心念。

或闻施戒忍精进，禅定般若方便智；

或闻慈悲及喜舍⑦，种种言辞各差别。

或闻四念四正勤⑧，神足根力及觉道⑨；

诸念神通⑩止观等，无量方便诸法门。

龙神八部人非人，梵释护世诸天众；

佛以一音为说法，随其品类皆令解。

若有贪欲嗔恚痴^⑪，忿覆悭嫉及憍谄^⑫，

八万四千烦恼异，皆令闻说彼治法。

若未具修白净法，令其闻说十戒^⑬行；

已能布施调伏人，令闻寂灭涅槃音。

若人志劣无慈愍，厌恶生死自求离；

令其闻说三脱门^⑭，使得出苦涅槃乐。

若有自性少诸欲，厌背三有^⑮求寂静；

令其闻说诸缘起，依独觉乘而出离。

若有清净广大心，具足施戒诸功德^⑯；

亲近如来具慈愍，令其闻说大乘音。

或有国土闻一乘，或二或三或四五^⑰；

如是乃至无有量，悉是如来方便力。

涅槃寂静未曾异，智行胜劣有差别；

譬如虚空体性一，鸟飞远近各不同。

佛体音声亦如是，普遍一切虚空界；

随诸众生心智殊，所闻所见各差别。

佛以过去修诸行，能随所乐演妙音；

无心计念此与彼，我为谁说谁不说。

如来面门放大光，具足八万四千数；

所说法门亦如是，普照世界除烦恼。

具足清净功德智，而常随顺三世间；
譬如虚空无染着，为众生故而出现。

示有生老病死苦，亦示住寿处于世；
虽顺世间如是现，体性清净同虚空。

一切国土无有边，众生根欲亦无量；
如来智眼皆明见，随所应化示佛道。

究竟虚空十方界，所有人天大众中；
随其形相各不同，佛现其身亦如是。

若在沙门大众会，剃除须发服袈裟；
执持衣钵护诸根，令其欢喜息烦恼。

若时亲近婆罗门，即为示现羸瘦身；
执杖持瓶恒洁净，具足智慧巧谈说。

吐故纳新自充饱[18]，吸风饮露无异食；
若坐若立不动摇，现斯苦行摧异道。

或持彼戒为世师，善达医方等诸论；
书数天文地众相[19]，及身休咎无不了。

深入诸禅及解脱，三昧神通智慧行；
言谈讽咏共嬉戏，方便皆令住佛道。

或现上服以严身，首戴华冠荫高盖；
四兵[20]前后共围绕，警众宣威伏小王。

或为听讼断狱官，善解世间诸法务；
所有与夺皆明审，令其一切悉欣伏。

或作大臣专弼辅，善用诸王治政法；
十方利益皆周遍，一切众生莫了知。
或为粟散^㉑诸小王，或作飞行转轮帝^㉒；
令诸王子采女众，悉皆受化无能测。
或作护世四天王，统领诸龙夜叉等；
为其众会而说法，一切皆令大欣庆。
或为忉利大天王，住善法堂^㉓欢喜园^㉔；
首戴华冠说妙法，诸天瞻仰莫能测。
或住夜摩兜率天，化乐自在魔王所；
居处摩尼宝宫殿，说真实行令调伏。
或至梵天众会中，说四无量诸禅道；
普令欢喜便舍去，而莫知其往来相。
或至阿迦尼吒天^㉕，为说觉分^㉖诸宝华；
及余无量圣功德，然后舍去无知者。
如来无碍智所见，其中一切诸众生；
悉以无边方便门，种种教化令成就。
譬如幻师善幻术，现作种种诸幻事；
佛化众生亦如是，为其示现种种身。
譬如净月在虚空，令世众生见增减；
一切河池现影像，所有星宿夺光色。
如来智月^㉗出世间，亦以方便示增减；
菩萨心水^㉘现其影，声闻星宿无光色。

譬如大海宝充满，清净无浊无有量；
四洲所有诸众生，一切于中现其像。

佛身功德海亦尔，无垢无浊无边际；
乃至法界诸众生，靡不于中现其影。

譬如净日放千光，不动本处照十方；
佛日光明亦如是，无去无来除世暗。

譬如龙王降大雨，不从身出及心出；
而能霈洽㉙悉周遍，涤除炎热使清凉。

如来法雨亦复然，不从于佛身心出；
而能开悟一切众，普使灭除三毒火㉚。

如来清净妙法身，一切三界无伦匹；
以出世间言语道，其性非有非无故。

虽无所依无不住，虽无不至而不去；
如空中画梦所见㉛，当于佛体如是观。

三界有无一切法，不能与佛为譬喻；
譬如山林鸟兽等，无有依空而住者。

大海摩尼无量色，佛身差别亦复然；
如来非色非非色㉜，随应而现无所住。

虚空真如及实际，涅槃法性寂灭等；
唯有如是真实法，可以显示于如来。

刹尘心念可数知，大海中水可饮尽；
虚空可量风可系，无能尽说佛功德。

若有闻斯功德海，而生欢喜信解心；

如所称扬悉当获，慎勿于此怀疑念。

注释

①**跏趺**：即结跏趺坐的略称。为坐法之一。即互交二足，结跏安坐。其坐法是双膝弯曲，两足掌向上。可分为降魔坐、吉祥坐两种。

②**一寻**：古代之长度单位。伸张两臂为一寻，约等于八尺或六尺。亦有称七尺者。

③**一切入——亦尔**：即一切入一，一入一切。

④**转于十二行法轮**：即三转十二行法轮，亦作三转十二行相。指世尊三转四谛之法轮，每一转各具四行相，故有十二行相。三转，指四谛各有示相转（肯定四谛，说此是苦谛、集谛、灭谛、道谛）、劝相转（说此苦谛应知、集谛应断、灭谛应证、道谛应修）、证相转（说苦谛已知、集谛已断、灭谛已证、道谛已修）。此三转各具眼、智、明、觉四行相，故成十二行相。

⑤**十二因缘**：又作十二缘起等。即十两种因缘生起之意，亦即构成有情生存之十二条件，为根本佛教之基本教义，即无明、行、识、名色、六处、触、受、爱、取、有、生、老死。

⑥**法义乐说辞无碍**：指法无碍辩、义无碍辩、乐说无碍辩、辞无碍辩四种无碍辩。这是指四种自由自在而无所滞碍的理解能力和语言表达能力。

⑦**慈悲及喜舍**：即慈、悲、喜、舍四无量心。

⑧**四念四正勤**："四念"，即四念住：身念住、受念住、心念住、法念住。为三十七道品中之一科。指集中心念于一点，防止杂念、妄想生起，以得真理的四种方法。"四正勤"，亦作四正断等。即为除断已生之恶而勤精进；为使未生之恶不生而勤精进；为使未生之善能生而勤精进；为使已生之善能更增长而勤精进。此乃方便精勤于断恶生善之四种修行品目，为三十七道品中之一科。

⑨**神足根力及觉道**："神足"，即四神足。系由欲求、心念、精进、观照四法之力，引发种种神用而产生之三摩地。四神足即欲三摩地断行成就神足、心三摩地断行成就神足、勤三摩地断行成就神足、观三摩地断行成就神足。为三十七道品中之一科。"根"，即五根：信根、精进根、念根、定根、慧根。"力"，即五力：信力、精进力、念力、定力、慧力。"觉"，即七觉分：择法觉分、精进觉分、喜觉分、轻安觉分、舍觉分、定觉分、念觉分。"道"，即八正道：正见、正思维、正语、正业、正命、正精进、正念、正定。

⑩**神通**：即六神通。

⑪**贪欲嗔恚痴**：即贪、嗔、痴三种根本烦恼。

⑫**忿覆悭嫉及㤭谄**：即忿、覆、悭、嫉、㤭、谄六种随烦恼。

⑬**十戒**：即不杀生，不偷盗，不淫欲，不妄语，不饮酒，不着华鬘好香涂身，不歌舞亦不往观听，不坐卧高广大床，不非时食，不蓄金银宝物。

⑭**三脱门**：亦作三解脱门。即空解脱门、无相解脱门、无愿解脱门。

⑮**三有**：即三界之生死。

⑯**施戒诸功德**：即布施、持戒等一切功德。

⑰**或二或三或四五**：即或闻二乘（大乘、小乘或声闻、缘觉）法，或闻三乘（声闻、缘觉、菩萨）法，或闻四乘（声闻、缘觉、菩萨、佛）法，或闻五乘（人、天、声闻、缘觉、菩萨）法。

⑱**吐故纳新自充饱**："吐故纳新"，我国古代的一种养生方法。即把肺中的浊气尽量从口中呼出，再由鼻孔缓慢地吸进新鲜空气，使之充满肺部，称为吐故纳新自充饱。

⑲**天文地众相**：即天文、地理等许多相状。

⑳**四兵**：又称四军。为印度古代战场上之四种军兵。即象军、马军、车军、步军。

㉑**粟散**：形容小王之多，犹如散粟。

㉒**飞行转轮帝**：即能飞行空中的转轮王。

㉓**善法堂**：帝释天讲堂名。在须弥山顶喜见城外之西南角，帝释于此论人中善恶。

㉔**欢喜园**：又名欢乐园、欢喜苑、喜林苑等。帝释天四园之一，在喜见城外之北方，诸天入此，能自起欢喜之情。

㉕**阿迦尼吒天**：意译色究竟天，为色界十八天中最上之天名。

㉖**觉分**：亦称菩提分，即三十七道品，包括四念住、四正断、四神足、五根、五力、七等觉支、八圣道支等。

㉗**如来智月**：意谓如来的智慧也和月亮一样清净明亮。

㉘**心水**：心中涌现万象，但有动摇，又有染净之不同，譬喻如水，故称心水。

㉙**霑洽**：原意为雨水需足，转意为普遍受益。

㉚**三毒火**：意谓贪、嗔、痴三毒如猛火一样。

㉛**空中画梦所见**：谓天空中的图画，梦中所见的事物，都是虚幻不实的。

㉜**非色非非色**：谓不是色身又并非不是色身。

译文

或者看见佛的身相光明与寿命，智慧、菩提以及涅槃；

在众会之中所教化众生的威仪和音声，如是一一悉皆无数。

或现其身极为广大，譬如须弥大宝山王；

或现跏趺不为动摇，充满无边诸世界中。

或见圆光有一寻量，或有千万亿由旬；

或者看见其光照耀着无量国土，或者看见充满了一切佛国土。

或者看见佛的寿命八十岁，或者看见其寿有百千万亿岁；

或者见佛住于不可思议之劫时，如此辗转超过这样好几倍。

佛智通达清净无碍之境，一念之间普遍了知三世佛法；

这都是从心识因缘而起，生灭无常没有自性。

于一国土中成就正觉，于一切佛国土中也全部成就正觉；

一切入一、一入一切，随顺众生之心也都示现。

如来住于无上之道，成就十力四无所畏；

具足一切智慧无所障碍，三转法轮于十二行相。

了知苦、集、灭、道四谛，分析十二因缘之法；

法、义、乐说、辞四无碍辩，于此广为开演。

诸法无我无有为之相，业性不起也不失；

一切事相都远离犹如虚空，佛以善巧方便而作种种分别。

如来如此转法轮，普遍震动十方世界一切佛国土；

宫殿、山河全部摇动，但却不使众生有惊惧和恐怖。

如来普演广大法音，随着众生的根性、欲望使他们都得到悟解；

使他们全都发心灭除烦恼垢染，而佛则未曾生起任何心念。

或者听到布施、持戒、忍辱、精进、禅定、般若六度以及方便智；

或者听到慈、悲、喜、舍四无量心，种种言辞各不相同。

或者听到身、受、心、法四念住及四正断，四神足、五根、五力、七觉分及八正道；

一切诸念、六神通、止、观等，无量的善巧方便法门。

龙神八部、人和非人，梵天帝释护世的一切天众；

佛以一种言音为他说法，随着他们品类的不同都能使他们得到悟解。

如果有贪欲、嗔恚和愚痴三种根本烦恼，有忿、覆、悭、嫉、憍、谄六种随烦恼；

八万四千种烦恼各有不同，都使他们听到对治之法。

如果尚未完全修习白净之法，就使他们听取十戒之修行；

如果已能布施、调伏之人，就使他们闻听寂灭、涅槃之音。

如果有人意志下劣没有慈悯之心，厌恶生死自求出离；

就使他们听取三解脱门，使之出离苦海得涅槃之乐。

如果有人自己本性就少有诸欲，厌恶、背离三界之生死祈求寂静；

就使其听取各种缘起之说，使他依独觉乘而出离生死。

如果有人已有清净的广大之心，具足了布施、持戒等各种功德；

能够亲近如来具有慈悯之心，就使其听取大乘法音。

或者有人在佛国土听了一乘之法，或者听了二乘法、三乘法、四乘法、五乘法；

像这样乃至听了无量的法，这都是如来的方便之力。

涅槃、寂静没有什么两样，智慧、修行的胜和劣则有所区别；

譬如虚空的体性是一样的，而鸟的飞翔有远有近各不相同。

佛的体性、音声也是如此，普遍于一切虚空界；

随着一切众生心智的不同，所见所闻有种种区别。

佛因为过去世修习诸行，所以能随顺众生之所乐欲而演妙法音；

无心计度、思念此与彼，也无心计度、思念我为谁说、我不为谁说。

如来的脸上放出大光明，具足了八万四千的数目；

如来所说的法门也是如此，普遍照耀世界，灭除一切烦恼。

具足了清净的功德智慧，从而经常随顺过去、现在、未来三世间；

譬如虚空无染无着，佛为了众生而出现于世。

佛示现有生、老、病、死等苦，也示现有住寿而处于世间；

虽然随顺世间而如此示现，但其体性清净同如虚空。

一切国土无边无际，众生的根性欲望也无量无数；

如来的智慧之眼都明了见到，随顺众生之所愿而应化示现佛道。

究竟的虚空十方世界，所有人、天的大众之中；

随其形相的各种不同，佛示现其色身也是如此。

如果是在沙门大众之会，佛就剃除须发穿上袈裟；

执持衣钵保护众生的一切根性，使其心生欢喜而息灭一切烦恼。

如果有人当时亲近婆罗门，就为之示现疲弱之身；

执杖、持瓶恒常洁净，具足一切智慧为之善巧谈说。

用呼吸吐故纳新自己充饱，吸风饮露之外没有其他的食物；

若坐若立毫不动摇，示现这样的苦行摧破一切外道。

或者严持戒律成为世间的导师，善于通达医方明等一切诸论；

书写算数、天文、地理等相状，以及身体状况的好坏无一不明了。

深入诸禅定及解脱境界，修习三昧、神通、智慧等诸行；

和众生一起言谈、讽咏及游戏，以善巧方便都使他们住于佛道。

或者示现上好的衣服以庄严自身，头戴华冠以高盖遮荫；

以象、马、车、步四种军兵前拥后护围绕着，警戒众生、宣扬威仪、调伏小王。

或者成为听人诉讼的断狱官，善于调解世间的一切法务；

所有对错，应给予的、应剥夺的都明白审理，使他们一切都欣悦、调伏。

或者作为大臣专门辅弼君主，或者善于运用一切王法治理政治、法律；

十方世界的一切利益都周遍，一切众生都不能了知。

或者成为一盘散粟的许许多多小王，或者成为能飞行空中的转轮王；

使一切王子、宫娥采女等大众全部受到教化，但无能测知其玄妙。

或者作为佑护世间的四天王，统领一切天龙夜叉等；

到其众会为他们说法，一切都使他们欢庆。

或者成为忉利天的大天王，住于善法堂、欢喜园；

头戴华冠宣说妙法，一切诸天都朝觐、瞻仰但不能测知其玄妙。

或者住于夜摩天、兜率天、化乐天、自在天和魔王之住所；

所居之处都是用摩尼宝装饰的宫殿，为他们说真实的修行使他们调伏。

或者到梵天众会之中，说四无量心及一切禅定、八正道等诸法；

普遍使他们欢喜便舍之而去，该天天众也不知其往来之相。

或者到色究竟天，为该天天众说三十七菩提觉分并散布诸宝华；

尚有其他无量的圣功德，然后能令大众皆悉了知而舍弃无知。

如来无碍的智慧所见到的，其中一切众生；

都以无量无边的方便之门，给予种种教化使他们获得成就。

譬如幻术师善于幻化之术，变现出种种幻化之事；

佛陀教化众生也是如此，为他们示现出种种色身。

譬如清净的月亮在虚空，使世间的众生看到有增有减；

一切江河、池塘都现出其影像，所有的一切星宿都被其夺去了光色。

如来的智慧如清净的明月出现在世间，也以善巧方便显示出它的增和减；

菩萨的心水也示现其智月之影，一切声闻犹如星宿一样无有光色。

譬如大海充满了珍宝，清净无浊又无量无数；

四大洲所有的一切众生，都在其中映现出其影像。

佛陀色身的功德海也是如此，没有垢染、没有污浊、无边无际；

一切法界的一切众生，无一不于其中示现其影像。

譬如清净之日放出千道光明，不动本处能普照十方世界；

佛日发出的光明也是如此，无去无来能灭除世间的黑暗。

譬如龙王降大雨，不是从身出也不是从心出；

但能使大地的一切都被雨水霑足普遍受益，消除炎热使之清凉。

如来的法雨也是如此，不是从佛的身心所出；

但能开悟一切众生，普遍使他们灭除贪、嗔、痴三毒之火。

如来的清净妙法之身，一切三界都无与伦比；

以出世间的言语讲道，其本性非有亦非无。

虽然无所依止但又无所不住，虽无不至但又不去；

犹如空中之画、梦中所见，对于佛的体性应当如此来看。

三界之有、无一切诸法，都不能用来作为佛的譬喻；

譬如山林、鸟兽等，没有一种是依虚空而住的。

大海中的摩尼宝有无数的种种颜色，佛身有种种差别也是此；

如来之身不是色身又并非不是色身，随顺众生所应而示现，又无所住着。

虚空、真如及实际，涅槃、法性、寂灭等；

唯有这样的真实之法，可以显示于如来之身。

一刹那和微尘数的心念可以用数量来测知，大海中的水也可以饮尽；

虚空可以衡量、大风可以缚住，但是没有能力穷尽地宣说佛的功德。

如果有人听到这种佛的功德海，而生起欢喜心和信解心；

那么如其所称扬的那样将会全部获得这些功德，因此慎勿对此生起怀疑之念。

源流

《华严经》是印度初期大乘佛教流行时出现的佛教经典之一。它是在最早的大乘经典《大般若经》流行后，差不多与《宝积》一类经典同时出现的。关于此经的梵本在印度流传的情况，有种种不同之说。梁译《摄大乘论释》卷十五说："《华严经》有百千偈，故名《百千经》。"而法藏的《华严经传记》卷一则称，西域传说此《华严大不思议解脱经》有三本：其中上、中两本隐而不传，下本有十万偈，四十八品，现流天竺。《大智度论》也说，《不思议解脱经》有十万偈。这说明《华严经》最初在印度曾以《不思议解脱经》为名流传过。又龙树在弘扬大乘佛学时，曾造《大不思议论》以解释此经，现行的汉译《十住毗婆沙论》十七卷，就是对此经《十地品》中初地、二地的解说。其后世亲也依《十地品》造

《十地经论》，以发挥《华严》要义。接着又有金刚军、坚慧等诸论师，各各造论对《十地经论》进行注释。这是《华严经·十地品》曾在印度单独流行的一个明证。

此外，据《四十华严经后记》记载，四十《华严》的梵本，是南天竺乌荼国王手自书写《大方广佛华严经》百千偈中所说"善财童子亲近承事佛刹极微尘数善知识行中五十五圣者善知识入不思议解脱境界普贤行愿品"。这又证明该经的《入法界品》（四十《华严》）也自成一经在印度流通。还有寂天的《大乘集菩萨学论》，也曾引用过此经《贤首品》的偈颂。这又说明，不仅此经的《十地品》和《入法界品》，而且还有其他一些品也在印度单独流行。其中《入法界品》和《十地品》，还是尼泊尔佛教中古来通常传习的九部大经中的两部，其梵本在尼泊尔至今仍被保存着。

十九世纪中，这两品梵本，曾先后流传到印度、英国、法国、日本等国，并校刊出版。如梵文《十地品》有近藤晃曜的校刊本（东京，一九三六年），《入法界品》有铃木大拙、泉芳璟的校刊本（京都，一九三四——一九三六年）。

根据以上的情况推想，《华严经》在印度恐怕也不是一时所出，而是先有单本的经流传，以后才有大本的《华严经》集成。有人说，《华严经》的原型是《十地品》

和《入法界品》，它是出现于初期大乘佛教经典群中的一些经。这种说法有一定的道理。

《华严经》最后形成七处九会（六十《华严》为八会）的规模，说是释迦牟尼佛在讲此经时，换了七个地点，集合了九次。但是，《华严经》的汉译，并不是梵文本的全部翻译，而是略本。因为卷数最多的唐译八十《华严》，也只有四万五千颂，分为三十九品，仅是梵文本中最小本子十万颂的不到二分之一。

《华严经》在中国汉地的传译，最初也是翻译梵文的单本经典。其中最早是后汉支娄迦谶所译《佛说兜沙经》和三国吴支谦所译《佛说菩萨本业经》。西晋时译出的单本经典更多，计有十余种。其中相当于八十《华严》中的《十地品》和《如来出现品》就有七种。后来东晋佛驮跋陀罗的六十《华严》、唐实叉难陀的八十《华严》、唐贞元中般若的四十《华严》相继译出以后，仍然有不少依单本梵文翻译的零星译本出现。

自从六十《华严》译出后，受到佛教学者和高僧大德的高度重视。他们竞相传习，并撰述注疏。这些注疏，有直接注释《华严经》的，也有对《华严经》的注疏再作解释的，同时还有一些依据《华严经》教义进行发挥的。如最初参与译场的法业，曾亲承佛驮跋陀罗的口义而撰成《华严旨归》二卷。随后，刘宋求那跋陀罗曾讲解过此经多遍，北齐玄畅则更对此经随章逐句详加疏讲。北魏勒那摩提曾多次弘讲此经，刘谦之也精研此经，作《华严论》六百卷。此后，有地论师慧光、北齐大觉寺僧范、邺中昙遵、洛州昙衍、后魏灵辩等，都撰有此经的《经疏》或《经论》等。嗣后隋代有灵裕著《经疏》八卷、《旨归》一卷，昙迁著《华严明难品玄解》十卷，慧藏著《义疏》十卷，洪遵著《经疏》七卷，慧远著《经疏》七卷、《十地经论义记》七卷，吉藏著《游意》一卷，慧觉著《十地品疏》十卷，法敏著《经疏》七卷，智正著《华严疏》十卷，灵辩著《经疏》十二卷等。

随着此经在隋唐时期的盛行流传，专弘此经的高僧辈出，所撰注疏也特别多。其中专弘此经而蔚成一宗的法顺、智俨、法藏、澄观、宗密五师被后世称为"华严五祖"，是弘扬《华严经》的主要代表人物。其中：

隋法顺（杜顺）撰有《华严五教止观》一卷，《华严法界观门》一卷。

唐智俨除撰有《华严经搜玄记》（《大方广佛华严经搜玄分齐通智方轨》）五卷和《华严孔目章》（《华严经内章门等杂孔目章》）四卷外，主要著述有《华严一乘十玄门》（隋法顺说，唐智俨撰）一卷。本书对海印三昧之所现分十门明其玄旨。十门即：同时具足相应门、因陀罗网境界门、秘密隐显俱成门、微细兼容安立门、十世隔法异成门、诸藏纯杂具德门、一多兼容不同门、诸法相即自在门、唯心回转善成门、托事显法生解门。此十门各具教义、理事、解行、因果、人法、分齐境位、法智师弟、主伴依正、逆顺体用、随生根欲性等十义，总成百门，以显示重重无尽之义。此十玄门后来成为华严宗的重要思想之一。尚有《华严五十要问答》二卷，为用问答体裁述说《华严经》中五十三种要义之书。

唐法藏的重要著述有：

《华严经传记》五卷。全书分为部类、隐显、传译、支流、论释、讲解、讽诵、转读、书写、杂述十门，其中部类门说此经有上、中、下三本；传译门对《华严经》的译者东晋佛驮跋陀罗、唐地婆诃罗、唐实叉难陀等的传译略作了介绍；支流门列此经之节选本或单品共三十七种；论释门列举印度、中国论释《华严经》的论书；讲解门为历代宣扬《华严经》的大德立传。本书为研究《华严经》在中国流传的历史极有价值之书。

《华严五教章》（《华严一乘教义分齐章》）四卷。本书将释迦牟尼佛创立佛教以来的不同部派和教义分为"五教"，即小乘教、大乘始教、终教、顿教、圆教；立为"十宗"，即我法俱有宗、有法无我宗、法无去来宗、现通假实宗、俗妄真实宗、诸法但名宗、一切皆空宗、真德不空宗、相想俱绝宗、圆明俱德宗。认为华严宗相当于圆教和圆明俱德宗。本书为华严宗判教的基本理论著作。

《华严经探玄记》二十卷。本书为六十《华严》的注释书。第一卷分为：教起所由，藏部所摄，立教差别，教所被机，能诠教体，所诠宗趣，释经题目，部类传译，文义分齐，随文解释十门。二卷以下，按经文逐一进行解释。旨在叙述六十《华严》之大要，阐述经文之玄义，提出华严宗的基本理论主张。

《华严金师子章》一卷。为答武则天之问，借金师子为喻，解说华严法界缘起之妙理，从而天帝网义、十重玄门、海印三昧、六相和合、普贤境界等义，明白无遗。全文大别为十门，即：明缘起，辨色空，约三性，显无相，说无生，论五教，勒十玄，括六相，成菩提，入涅槃。由于此书简明扼要，义理玄妙，后成为华严学人之入门书。

其他有关《华严》的著述尚有：

《华严经明法品内立三宝章》二卷，《华严问答》二卷，《华严旨归》一卷，《华严策林》一卷，《华严义海百门》一卷，《华严游心法界记》一卷，《华严发菩提心章》一卷，《修华严奥旨妄尽还源观》一卷，《华严经文义纲目》一卷，《华严经关脉义记》一卷，《华严三昧章》一卷，《华严经普贤观行法门》一卷等。

唐澄观的重要著述有：

　　《华严经疏》六十卷。全称《大方广佛华严经疏》，亦称《新华严经疏》《华严大疏》《大疏》《清凉疏》等。为《华严》注疏中流传最广、影响最大的一部注释书。其目的是为了恢复法藏祖师教说之本意，重兴华严一宗。本书为八十《华严》的论释书。全书分为教起因缘、藏教所摄、义理分齐、教所被机、教体浅深、宗趣通别、部类品会、传译感通、总释名题、别解文义十门，系统地对八十《华严》的玄义进行阐释，并加以发挥。特别是在"义理分齐门"，除对《华严》的无尽缘起理论尽情发挥外，又广开十玄门：同时俱足相应门、一多相容不同门、秘密隐显俱成门、因陀罗网境界门、广狭自在无碍门、诸法相即自在门、微细兼容安立门、十世隔法异成门、主伴圆明俱德门、托事显法生解门。进一步阐明此理。由于此书旁征博引，涉及面广，义理丰富，历来被看成是研究华严宗教理和教史的重要资料。

　　《华严经随疏演义钞》九十卷。全称《大方广佛华严经随疏演义钞》，简称《随疏演义钞》。是澄观对自己所撰《华严经疏》所作的解释。全书分为四部分，即：总序名意，是解释《华严经疏》"自序"的；归敬请加，是解释《华严经疏》"归敬偈"的；开章释文，是开十门以解释《华严经疏》正文的；谦赞回向，是略解《华严经疏》最后"回向偈"的。本书对学说征引、辨难解答、异说批判以及著述《华严经疏》的原委及宗旨等,论述均极详尽,历来也被看作是研究华严宗的重要著作。

以上两书,原各为单行本流通。明嘉靖间,妙明法师始收经入疏,收疏入钞,成《华严疏钞会本》。天启中叶,祺胤又依《永乐南藏》本加以校订重刻,成八十卷,收入《嘉兴续藏》,成为后来清《龙藏》和金陵刻经处本所依据的本子。因为这一本子原来即会合失当,重刻时又删节不全,错讹较多,故在近代又重新编纂。时组织编委会,推应慈、蒋维乔等为正副理事长,自公元一九三九年开始,至公元一九四四年完成,即《新编华严经疏钞》。

其他著述尚有:《华严法界玄镜》二卷,《三圣圆融观门》一卷,《华严经略策》一卷,《新译华严经七处九会颂释章》一卷,《华严心要法门》一卷,《五蕴观》一卷,《华严经行愿品疏》十卷,《华严经入法界品十八问答》一卷,《华严悬谈》(《华严玄谈》)九卷等。

唐宗密的重要著述有:

《华严原人论》一卷。本书系对世界和生命的起源以及社会上富贵贫贱不平等的根源进行论证,并破斥儒道两教之妄执。全书分为四篇,即:一、斥迷执。破斥儒、道两教元气剖判说和虚无大道说。二、斥偏浅。就佛教中人天教、小乘教、大乘法相教、大乘破相教等诸说，破斥其业为本说、色心相续说、赖耶缘起说、万法皆空说。三、直显真源。依华严一乘显性教之旨，以本觉之真心，为天地万有之本源，显示一切有情本来是佛。四、会通本末。会通前所破之诸教，悉引入一乘方便教。

其他著述尚有：《华严经行愿品别行疏钞》六卷，《华严经行愿品疏科》一卷，《注华严法界观门》一卷，《注华严法界观门科文》一卷，《华严心要法门注》一卷等。

除了以上专弘此经的华严五祖外，宗外的名家李通玄居士，亦精研此经，尊崇华严的十玄六相之说。其重要著述有《新华严经论》四十卷。本书以独特之见解研究新译八十《华严》，与法藏的见解大异其趣。初于文前列十门，以说明八十《华严》之要义，即依教分宗、依宗教别、教义差别、成佛同别、见佛差别、说教时分、净土权实、摄化境界、因果延促、会教始终。次释经文，一总叙经义，二明经宗趣，三明其教体，四总陈会数，五释其文义。本书与其他各家说法不同之处，即视《华严》一经为十处、十会、四十品，且不用五教之说而用十教判，另加性恶说，并发挥三圣圆融之义。这些观点，对后来澄观撰著《华严大疏钞》有相当影响。本书在大中年间（公元八四七——八五九年），有开元寺僧志宁厘经合论，成《华严经合论》一百二十卷。

其他著述尚有:《华严经中卷大意略叙》(《华严经大意》)一卷,《华严经修行次第决疑论》四卷等。

此外,尚有天台宗荆溪湛然著《华严经愿行观门骨目》二卷,静居撰《麟德殿讲华严经玄义》一卷,灵裕著《华严经文义记》六卷。宗豫撰《注华严法界观科文》一卷,见登撰《华严一乘成佛妙义》一卷,胡幽贞撰《华严经感应传》一卷,慧苑撰《新译大方广佛华严经音义》两卷、《华严经刊定记》十五卷等。

慧苑的《华严经刊定记》,亦称《续华严经略疏刊定记》。该书本是慧苑继承法藏的遗志而作,但书中背师自立之说不少,故历来华严家均视为异端。其内容是总立十门以注释八十《华严》。十门即:教起所因、藏部所摄、显教差别、简所被机、能诠教体、所诠宗趣、显义分齐、部类传译、具释题目、依文正释。最后一门,就经中各品,一一立辨名、来意、宗趣、释文四科以解释其文义。因被视为异说,故澄观曾作《华严经随疏演义钞》以破斥其异趣。

唐代以后,《华严经》的弘扬和讲习仍相当殷盛,历朝的注疏也很多,其中重要的有:宋观复的《华严疏钞会解记》十卷,复菴的《华严纶贯》一卷,戒环的《华严经要解》一卷,道通的《华严法相概节》一卷、《法界观披云集》一卷、《华严经吞海集》三卷,师会的《华严一乘教义分齐章焚薪》两卷、《华严一乘教义分齐章复古记》(《华严五教章复合记》)六卷、《华严融会一乘义章明宗记》一卷、《注华严同教一乘策》一卷、《华严一乘教义分齐章科》一卷,承迁的《注华严金师子章》一卷,本嵩的《注华严法界观门颂》两卷、《注华严七字经题法界观三十门颂》(本嵩述颂、元琼湛集解)两卷,净源的《华严妄尽还原观疏钞补解》一卷、《华严妄尽还原观科》一卷、《华严经疏注》一百二十卷、《原人论发微录》三卷、《华严普贤行愿修证仪》两卷,道亭的《华严一乘教义分齐章义苑疏》《华严五教章义苑疏》十卷,义和的《华严念佛三昧无尽灯》一卷,辽鲜演的《华严经玄谈决择》六卷等。

元普瑞的《华严悬谈会玄记》四十卷,圆觉的《原人论解》三卷,《原人论合解》(圆觉解、明杨嘉祚删合)两卷等。

明袾宏的《华严经感应略记》一卷,德清的《大方广佛华严经纲要》八十卷,善坚的《华严大义》一卷,李贽的《华严经合论简要》四卷,方泽的《注华严经合论纂要》等。

清永光的《华严经纲目贯摄》一卷、《华严经三十九品大意》一卷,彭际清的《一乘决疑论》一卷、《华严念佛三昧论》一卷,弘璧的《华严感应缘起传》一卷,周克复的《华严经持验记》一卷等。清末的杨文会则将智俨的《搜玄记》和法藏的《探玄记》等，辑录为《华严著述辑要》和《贤首法集》等。

民国以来，弘扬《华严经》的仍不乏其人。先是有月霞，以弘扬《华严》为己任，在上海首创华严大学，培养了一批专弘华严的人才。其次有应慈，自号华严座主，一生讲演《华严经》及有关著述，从不稍懈。曾先后创立华严学院、华严速成师范学院等，并发起重编《华严经疏钞》等。其后常惺、持松等也热心弘扬《华严》，常惺撰有《贤首概论》，持松撰有《华严宗教义始末记》等。

因专弘《华严经》而形成的华严宗，在唐代盛极一时，其宗风远播海外，当时的高丽、新罗和日本等国的僧人纷纷前来中国学习《华严》教义，并对之竞作注疏。其中比较重要的有：高丽义天的《圆宗文类》（残卷，现存十四卷及二十二卷），新罗义湘的《华严一乘法界图》一卷，元晓的《华严经纲目》一卷、《华严经疏》十卷，太贤的《古迹记》十卷，表圆的《华严文义要决问答》四卷，明晶的《华严海印三昧论》一卷等。日本则有宗性的《华严经义钞》四十卷，凝然的《华严经品释》一卷、《华严经探玄记洞幽钞》一百二十卷、《华严孔目章发悟记》、《华严法界义镜》（《华严宗要》）两卷，风潭的

《华严经探玄记玄谈》一卷，兴隆的《华严玄记大略钞》四十九卷，普寂的《华严探玄记发挥钞》十卷、《探玄记讲要》八卷，审详的《华严起信观行法门》一卷等。

总起来说，《华严经》在汉地的流传，有一个历史发展过程。其中唐代的法藏为弘扬《华严》的主要代表人物，也是华严宗的实际创宗者。但其上首弟子慧苑作《续华严经略疏刊定记》十五卷，即掺杂自己的观点而与法藏学说相左，因而被列为异说。其后四祖澄观虽著《华严大疏》及《随疏演义钞》力斥慧苑之说，以期恢复法藏宗旨，但澄观著述中仍杂有不少禅宗与天台宗的见解在内，以致其所弘的华严宗义也已不很纯粹。到了五祖宗密时，更是主张融合华严与禅宗，提倡教禅一致，此时的华严宗义就更为不纯了。会昌禁佛后，华严宗亦受重大打击，以致一蹶不振。直到宋代，有净源中兴华严，才使《华严经》的弘传得以继续。净源以后，有道亭、观复、师会、稀迪各作《华严一乘教义分齐章》的注解，世称宋代华严四大家。随后又有义和、鲜演、戒环、祖觉等相继弘传。

元代敷演《华严经》的仍很多，主要有盘谷、文才、了性、宝严、春谷、大同、宝觉、善学、普瑞等。明代有圆镜、祖住、明得、方泽、洪恩等人弘扬《华严经》。明末高僧袾宏、德清、智旭等也都研习过《华严经》及法藏、澄观的著述。明末清初则有明源及其弟子续法，均以振兴华严宗为己任。清初弘传《华严经》者，北方有大义、来舟、通理，南方有巢松、一雨、蕴璞、昧智、心光、佛闲、读彻及居士彭绍升（际清）等人。清末有杨文会等，民国以来则有月霞、应慈、常惺、持松等，也均以弘阐《华严经》著称。于此可见《华严经》在汉地流传之广，影响之大。

解说

《华严经》是一部发挥十方成佛思想的佛经。它提出的十方成佛和成佛必须经过种种十法阶次修行等说法，是该经的中心思想，它对后来大乘佛教理论的发展，对中国佛教发展史上的各宗派都有相当大的影响。

　　成佛问题，是所有佛教徒都非常关心的问题。因为人们学佛、修行的最终目的就是要获得解脱，达到理想的最高境界——成佛。是不是人人都能成佛？这是成佛问题的一个方面，《大涅槃经》就是专门阐述这一问题的。它的前分，说人人都可以成佛，但除"一阐提"；后分则认为即使是"一阐提"人也可以成佛。是不是在现在世界的同一时间里有许许多多人可以成佛，这是成佛问题的另一个方面，《华严经》就是论说这一问题的。

　　小乘佛教只承认现在世界有一个释迦牟尼佛，过去

（指释迦牟尼佛出世前）曾有六佛（毗婆尸佛、尸弃佛、毗舍浮佛、拘留孙佛、拘那含牟尼佛、迦叶佛），将来有弥勒佛（现居兜率天内院，将来当下生人间，于华林园龙华树下成佛）。这就是说，佛的出世有先后，在现在世不可能同时有两个佛。这样，对人们的成佛就有极大的限制。因为既然在现在世的同一时间里不可能有两个佛，那么人们即使做最大的努力去学佛、修行，也不可能成佛，这就失去了学佛、修行的意义。

《华严经》打破了这一限制，提出了十方成佛的思想。认为在空间上有无量无边的国土分布于十方，即可以有无量无边的佛，即使大家都一时成佛，也安排得下。如《华严经》的《如来出现品》中说："我等十方八十不可说百千亿那由他佛刹微尘数同名诸佛，皆说此法。如我所说，十方世界一切诸佛亦如是说。佛子！今此会中，十万佛刹微尘数菩萨摩诃萨，得一切一切菩萨神通三昧，我等皆与授记，一生当得阿耨多罗三藐三菩提。佛刹微尘数众生，发阿耨多罗三藐三菩提心，我等亦与授记，于当来世经不可说佛刹微尘数劫，皆得成佛。"意思是说，我们十方世界有无量无边的相同名字的佛，都在说法。像我们说法一样，其他十方世界的一切诸佛也都在这样说法。同时，在现在的法会中，有无量无边的大菩萨，因为得到了一切菩萨的神通三昧，我们这许多佛都为他们授记，在一生中就能成佛。还有许许多多的众生，如果发菩提心，我们这许多佛也将为之授记，于未来世皆得成佛。

《华严经》中这种十方成佛的思想，对广大佛教信徒来说，具有强大的吸引力。这也是《华严经》在隋唐以来所以能够引起人们的重视，许多高僧大德都竞起弘扬并撰述注疏，最后形成华严宗的重要原因之一。

《华严经》提出了十方成佛的思想，认为在同一空间可以有无量无边国土，有无量无边的佛，因此，大家可在同一时间成佛。但是，同时又明确指出：成佛也并不是轻而易举的，必须经过种种十法阶次的修行，最终才能成佛。《华严经》具体地阐明了这些阶次，如十住、十行、十回向、十地等。

十住，《华严经》有《十住品》，是法慧菩萨蒙诸佛加被力而入无量方便三昧，出定后所说的十住之法。所谓十住，即：一、发心住，谓以真方便发起十信之心，信奉三宝，常住八万四千波罗蜜，受习一切行、一切法门，常起信心，常值佛法，广闻多慧，多求方便，始入空界，住于空性之位，并于空理智心习古佛之法，于心生出一切功德。二、治地住，谓常随空心，净八万四千法门，其心明净，犹如琉璃内现精金，以前发之妙心履治为地，故名。三、修行住，谓前之发心、治地二住之智俱已明了，故游履十方而无障碍。四、生贵住，谓由前之妙行，冥契妙理，将生于佛家为法王子，行与佛同受佛之气分，彼此冥通，入如来种。五、方便具足住，谓习无量之善根，自利利他，方便具足，相貌无缺。六、正心住，谓成就第六般若，故非仅相貌，而心相亦与佛同。七、不退住，谓既入于无生、毕竟空，心常行空、无相、无愿，身心和合，日日增长。八、童真住，谓自发心起，始终不倒退，不起邪魔破菩提之心，至此，佛之十身灵相乃一时具足。九、法王子住，谓自初发心住至第四生贵住，名入圣胎；第五方便具足住至第八童真住，名长养圣胎；而此第九住则相形具足而出胎，犹如从佛王之教中生解，绍隆佛位。十、灌顶住，谓菩萨既为佛子，堪行佛事，故佛以智水为之灌顶，犹如刹帝利王子之受职灌顶。

十行，《华严经》中有《十行品》，为功德林菩萨入定接受诸佛的加被力，所说十行之法。所谓十行，即：一、欢喜行，谓菩萨以无量如来之妙德，随顺十方。二、饶益行，谓善能利益一切众生。三、无嗔恨行，谓修忍辱，离嗔怒，谦卑恭敬，不害自他，对怨能忍。四、无尽行，谓菩萨行大精进，发心度一切众生，令至大涅槃而无松懈。五、离痴乱行，常住正念不散乱，于一切法无痴乱。六、善现行，谓知无有法，三业寂灭，无缚无着，而亦不舍教化众生。七、无着行，谓历诸尘刹供佛求法，心无厌足，而亦以寂灭观诸法，故于一切无所着。八、尊重行，谓尊重善根、智慧等法，悉皆成就，由此更增修二利行。九、善法行，谓得四无碍陀罗尼等法，成就种种化他之善法，以守护正法，令佛种不绝。十、真实行，谓成就第一义谛之语，如说能行，如行能说，语行相应，色心皆顺。

十回向，《华严经》中有《十回向》品，为金刚幢菩萨从智光三昧所说十回向之法。所谓十回向，即：一、救护一切众生离众生相回向，即行六度四摄，救护一切众生，怨亲平等。二、不坏回向，谓于三宝所得不坏之信，回向此善根，令众生获得善利。三、等一切诸佛回向，谓等同三世佛所作之回向，不着生死，不离菩提而修之。四、至一切处回向，谓由回向力所修之善根，遍至一切三宝乃至众生之处，以作供养利益。五、无尽功德藏回向，谓随喜一切无尽善根，回向而作佛事，以得无尽功德善根。六、入一切平等善根回向，即回向所修之善根，为佛所守护，能成一切坚固善。七、等随顺一切众生回向，即增长一切善根，回向利益一切众生。八、真如相回向，谓随顺真如相而将所成之善根回向。九、无缚无着解脱回向，即于一切法无取执缚着，得解脱心，以善法回向，行普贤之行，具一切种德。十、入法界无量回向，即修习一切无尽善根，以此回向，愿求法界差别无量之功德。

十地，《华严经》中有《十地品》，为金刚藏菩萨承佛神力，入菩萨大智慧光明三昧，从三昧起而说之十地之法。此十地，是大乘菩萨为了达到最终的彻悟，而将修行过程分为种种阶位（段）。其中最最重要的十法阶次，也是最后的十个阶次。菩萨修行，到达了第十地，也就到达了圣位，圆满了佛果。因此，《十地品》在《华严经》中占有十分重要的地位，是全经的核心部分。这一品在大部《华严经》译出之前，曾以《十地经》等名义，另行译出流行。在《十地经》中，具体阐述了菩萨如何入地、住地、出地以及不断胜进的问题。指出了每一地的入、住、出，都要具足十法最后才能功德圆满。这十地，又紧密配合菩萨行的十度，即布施、戒、忍辱、精进、禅定、慧、方便、愿、力、智。于此，亦可看出此品的重要。

所谓十地，即：一、欢喜地，即成就布施波罗蜜。谓菩萨既修满初阿僧祇劫之行，初得圣性，破除见惑，证得人、法二空之理，生大欢喜。二、离垢地，即成就戒波罗蜜。谓断除修惑，涤除毁犯之垢，使身清净。三、发光地，即成就忍辱波罗蜜。谓断除修惑得谛察法忍，智慧显发。四、焰慧地，即成就精进波罗蜜。谓断除修惑，使慧性增盛。五、难胜地，即成就禅定波罗蜜。谓断除修惑，令真俗二智之行相互违者合而相应。六、现前地，即成就慧波罗蜜。谓断除修惑，发最胜智，使现前无染、净之别。七、远行地，即成就方便波罗蜜。谓发大悲心，断除修惑，远离二乘之自度。此位已修成第二阿僧祇劫之行。八、不动地，即成就愿波罗蜜。谓断除修惑，作无相观，任运无功用相续。九、善慧地，即成就力波罗蜜。谓断除修惑，具足十力，于一切处了知可度不可度而能说法，能得法、义、辞、辩四无碍解智。十、法云地，即成就智波罗蜜。谓断除修惑，具足无边功德，出生无边功德水，如大云覆盖虚空能出清净之众水，能长养一切众生善根，如大云的时雨滂沛一样。

此十地中，以第一欢喜地、第六现前地和第十法云地最为重要。

欢喜地为十地中的第一阶次。在这一地以前，大乘菩萨按照十信、十住、十行、十回向等四十个阶位进行修习，这时进入了十地中的第一地，是初次尝到宗教的欣喜阶段。这种喜悦，是被佛拯救了的喜悦，是一种非常恬静安详的喜悦，是一种深长的喜悦，一种发自内心的喜悦。所以叫作欢喜地。

现前地为十地中的第六阶次。在此以前，经历了第一地至第五地。在第六地，以十度中的第六慧度作为中心，表示般若智慧完成。在此以前的初地至五地，可谓自利；在此以后的七地起，则成为利他。在这一地里，明确地提出了一个重要思想，即唯心论。如这一品提到："三界所有，唯是一心""十二有支，皆依一心"，这是对宇宙人生本质问题所进行的阐述。关于宇宙本质问题，原始佛学是避而不谈的，部派佛学和大乘般若学，对此虽有所论及，但回答得很不明确。到了《华严经》的《十地品》，在论述第六地现前地时，就明确地作出了"三界所有，唯是一心"的回答。这是说，三界所有的一切都是心所变现的，除了心之外，不再有其他任何事物。心本来是单纯的，为什么三界会有种种区别呢？《十地品》的现前地认为，既然心会转变成各种相，因而就可以对三界进行区别。三界虽有种种区别，但按其本质来说，唯是一心。

关于人生问题，《十地品》的现前地讲"十二有支，皆依一心"。十二有支即十二因缘，谓无明、行、识、名色、六处、触、受、爱、取、有、生、老死。这十二因缘，是佛教的基本教义之一，它概括了人生的一切现象。人生不过是十二因缘的继续。既然从无明到老死无非都是心，都依于心，当然就是"一切唯心"了。这样，"三界所有，唯是一心""十二有支，皆依一心"，就成了对宇宙人生的两种基本观点。

《十地品》中现前地所提出的对于宇宙人生的这两种基本观点，使得大乘佛学后来发展成为极端的唯心论有极大的关系。同时，它对中国佛教的发展也有相当大的影响。如在中国广泛流行的《大乘起信论》，就提出"三界虚伪，唯心所作"。认为一切万法都是如来藏心的显现，含摄了一切世间法和出世间法。天台宗提出了"一念三千"的理论，认为千差万别、包罗万有的三千世界，本来存在于"一念"之中。唯识宗也提出了"唯识无境"的理论，主张外境非有，内识非无，一切都是阿赖耶识所变现。禅宗亦讲"于自心中，万法皆现""万法尽在自心中"。所有这些，可以说都是对"唯心论"所作的论述。这些论述与《华严经》中《十地品》的现前地所讲的"三界所有，唯是一心"，是偶然的巧合，还是有一定的渊源关系，这将有待于今后的佛教学者做进一步的研究与探索。

　　法云地为十地中的最后一个阶次。在这一地，大乘菩萨学佛修行所必经的种种阶次即将完成，犹如世间的转轮王太子，受王位灌顶，即将成为转轮王一样，菩萨已受大智慧灌顶，即将进入佛的行列。此时的菩萨，能行无量无数的难行之行，增进无量无数的智慧和功德，得无量三昧，获大神通。能开悟一切世间的众生，完成一切利他之行。因此，从菩萨学佛修行的历程来说，法云地不仅是《十地品》中最后的一地、最艰难的一地，而且也是最关键性的一地。因为菩萨于此地完成了一切大愿，即将进入佛地，与一切诸佛同等。

《华严经》不仅提出了十方成佛以及成佛必须经过种种十法阶次修行的理论，而且还以善财童子的五十三参来证实菩萨的修行历程，这就是《华严经》中的《入法界品》。

《入法界品》在整个《华严经》中是篇幅最长、分量最重的一品，约占全经的四分之一，共二十一卷。从其所包含的内容来看，可说是《华严经》整体的缩影，完全可以看成是一部独立的经典。它通过善财童子接受文殊师利的指点，南行参访五十五位善知识（其中两度参访文殊师利，又在同一处参访德生童子与有德童女，故各省去一名，称为"五十三参"），经历菩萨修学过程的十信、十住、十行、十回向、十地等阶段，从而悟入法界，成就佛道。

如果说，在《十地品》中所说的菩萨修学过程，还仅仅是抽象的理论性描述的话，那么在《入法界品》中，善财童子的"五十三参"则是具体经历和体验了菩萨种种十法阶次的修学过程，也是向所有学佛修行者提供究竟应该如何去具体完成这一过程的善巧方法。因此，《十地品》和《入法界品》，虽然同是讲菩萨的修学阶段，但对每一个学佛修行者来说,《入法界品》要比《十地品》显得更为重要,其作用和意义也就更大。也正是由于如此,在《入法界品》中所说的善财童子"五十三参",成为广大佛教徒历来效法的榜样。直至今日,广大佛教徒仍把青年僧人的闻经学教称作是"参学""参访"。于此可见《入法界品》影响之大。

总起来说,《华严经》是一部发挥十方成佛思想的佛经。它不仅明确地提出在空间上同时可以有无量无边的十方国土,有无量无边的佛,大家可以在同一时间成佛,而且还指明了成佛必须经过十信、十住、十行、十回向、十地等各个阶段。它不仅在理论上阐明学佛修行必须经过种种十法阶次的重要性及其步骤,而且通过善财童子对十地等阶段的修行实践,为学佛修行者树立榜样,并以此证明,通过种种十法阶次的修行,成就佛道是完全可能的。也正是由于《华严经》是这样一部理论联系实际阐述十方成佛思想的佛经,故在译出后即受到广大佛教徒的重视和欢迎,从而广泛流行,影响深远。

参考书目

1 华严一乘十玄门　隋·法顺说　唐·智俨撰　《大正藏》第四十五册

2 华严经传记　唐·法藏撰　《大正藏》第五十一册

3 华严五教章　唐·法藏撰　《大正藏》第四十五册

4 华严经探玄记　唐·法藏撰　《大正藏》第三十五册

5 华严金师子章　唐·法藏撰金陵刻经处本

6 华严经疏　唐·澄观撰　《大正藏》第三十五册

7 华严经随疏演义钞　唐·澄观撰　《大正藏》第三十六册

8 华严原人论　唐·宗密撰　金陵刻经处本

9 新华严经论　唐·李通玄撰　《大正藏》第三十六册

10 华严经刊定记　唐·慧苑撰　《续藏经》第一编第五套第一册至第三册

11 印度佛学源流略讲　吕澂撰　上海人民出版社一九七九年版

12 中国佛学源流略讲　吕澂撰　中华书局一九七九年版

13 中国佛教（三）　中国佛教协会编　知识出版社一九八九年版

出版后记

　　星云大师说："我童年出家的栖霞寺里面，有一座庄严的藏经楼，楼上收藏佛经，楼下是法堂，平常如同圣地一般，戒备森严，不准亲近一步。后来好不容易有机缘进到藏经楼，见到那些经书，大都是木刻本，既没有分段也没有标点，有如天书，当然我是看不懂的。"大师忧心《大藏经》卷帙浩繁，又藏于深山宝刹，平常百姓只能望藏兴叹；藏海无边，文辞古朴，亦让人望文却步。在大师倡导主持下，集合两岸近百位学者，经五年之努力，终于编修了这部多层次、多角度、全面反映佛教文化的白话精华大藏经——《中国佛教经典宝藏》，将佛教深睿的奥义妙法通俗地再现今世，为现代人提供学佛求法的方便途径。

　　完整地引进《中国佛教经典宝藏》是我们的夙愿，

三年来，我们组织了简体字版的编审委员会，编订了详细精当的《编辑手册》，吸收了近二十年来佛学研究的新成果，对整套丛书重新编审编校。需要说明的是此次出版将丛书名更改为《中国佛学经典宝藏》。

佛曰：一旦起心动念，也就有了因果。三年的不懈努力，终于功德圆满。一百三十二册，精校精勘，美轮美奂。翰墨书香，融入经藏智慧；典雅庄严，裹沁着玄妙法门。我们相信，大师与经藏的智慧一定能普应于世，济助众生。

东方出版社

图书在版编目（CIP）数据

华严经／高振农 释译. —北京：东方出版社，2015.9
（中国佛学经典宝藏）
ISBN 978-7-5060-8564-9

Ⅰ.①华…　Ⅱ.①高…　Ⅲ.①大乘—佛经 ②《华严经》—注释 ③《华严经》—译文　Ⅳ.①B942.1

中国版本图书馆 CIP 数据核字（2015）第 267833 号

华严经

（HUAYANJING）

释 译 者：高振农
责任编辑：夏旭东
出　　版：东方出版社
发　　行：人民东方出版传媒有限公司
地　　址：北京市东城区朝阳门内大街 166 号
邮　　编：100010
印　　刷：北京明恒达印务有限公司
版　　次：2016 年 6 月第 1 版
印　　次：2024 年 9 月第 10 次印刷
开　　本：880 毫米×1230 毫米　1/32
印　　张：11.5
字　　数：159 千字
书　　号：ISBN 978-7-5060-8564-9
定　　价：58.00 元
发行电话：（010）85924663　85924644　85924641